Dr FRANÇOIS NEF et Dr YVES SIMON

COMMENT SORTIR DE LA BOULIMIE

et se réconcilier avec soi-même

Odile Jacob

Collection dirigée
par Christophe André

15, RUE SOUFFLOT, 75005 PARIS

www.odilejacob.fr

ISSN : 1620-0853
ISBN : 2-7381-1482-2

COMMENT SORTIR DE LA BOULIMIE

« GUIDE POUR S'AIDER SOI-MÊME »

DÉJÀ PARUS

Mon enfant s'oppose. Que dire ? Que faire ? (Nouvelle édition.)
Dr Gisèle George.

Je ne peux pas m'arrêter de laver, vérifier, compter. Mieux vivre avec un TOC. (Nouvelle édition.)
Dr Alain Sauteraud.

Nous n'arrivons pas à nous entendre. Mieux vivre sa sexualité.
Dr François-Xavier Poudat.

Affirmez-vous ! Pour mieux vivre avec les autres. (Nouvelle édition.)
Dr Frédéric Fanget.

Surmontez vos peurs. Vaincre le trouble panique et l'agoraphobie. (Nouvelle édition.)
Dr Jean-Luc Émery.

Mon enfant est triste. Comprendre et aider l'enfant déprimé.
Luis Vera.

« Peut mieux faire ». Remotiver son enfant à l'école. (Nouvelle édition.)
Didier Pleux.

Revivre après un choc. Comment surmonter le traumatisme psychologique ?
Dr Aurore Sabouraud-Séguin.

Comment sortir de l'anorexie. Et retrouver le plaisir de vivre.
Dr Yves Simon, Dr François Nef.

La dépression, comment en sortir.
Dr Christine Mirabel-Sarron.

Comment retrouver le sommeil par soi-même.
Dr Sylvie Royant-Parola.

L'Enfant surdoué. L'aider à grandir, l'aider à réussir.
Jeanne Siaud-Facchin.

Pas de panique au volant !
Dr Roger Zumbrunnen.

Comment arrêter de fumer ?
Dr Henri-Jean Aubin, Dr Patrick Dupont, Pr Gilbert Lagrue.

Maîtriser son trac.
Dr Laurent Chneiweiss, Dr Éric Tanneau

Comment ne pas se gâcher la vie.
Dr Stéphanie Hahusseau.

Comment arrêter l'alcool ?
Pierluigi Graziani, Daniela Eraldi-Gackiere.

Soigner le stress et l'anxiété par soi-même.
Dr Dominique Servant.

La collection « Guide pour s'aider soi-même » est conçue pour vous aider à faire face aux difficultés de la vie quotidienne, mais aussi aux problèmes psychologiques les plus sérieux. Chaque guide répond à vos questions et vous propose des informations pour comprendre ce qui vous arrive (ou ce qui arrive à l'un de vos proches) ainsi que des conseils pour agir au quotidien.

Médecins, psychologues, ou autres professionnels de santé, les auteurs sont toujours des spécialistes reconnus et expérimentés du problème abordé. Ils ont déjà aidé de nombreuses personnes dans votre cas à s'en sortir. Et le livre que vous tenez entre les mains a été relu et validé par des lecteurs confrontés aux mêmes difficultés que vous.

Vos réactions à la lecture de cet ouvrage, la manière dont il a pu vous aider, dont vous l'avez utilisé et mis en pratique nous intéressent beaucoup. N'hésitez pas à nous écrire pour raconter votre expérience.

Christophe André

Sommaire

4 – Quelles sont les conséquences de la boulimie ?

5 – La personne boulimique, sa famille, son couple

6 – Comment guérir la boulimie ?

7 – Changer ou ne pas changer ?

8 – Comment changer mes comportements boulimiques ?

9 – Que peuvent faire les proches pour aider ?

10 – Comment prévenir la boulimie ?

Conclusion

Introduction

Dans notre société, minceur rimerait avec bonheur. Pour beaucoup, elle est devenue synonyme de beauté et de séduction, de santé et de jeunesse et même de réussite sociale. Elle est le mot d'ordre, le « Sésame ouvre-toi », l'alpha et l'oméga.

Nombreux(ses) se lancent ainsi tête baissée dans des régimes à la mode (régimes dissociés, hyperprotéinés, à base de soupes...) ou hantent les salles de sport dans une quête éperdue d'un mieux-être, voire du Bonheur ultime.

Plus que les hommes, les femmes sont confrontées à cette pression socioculturelle. En même temps, elles sont soumises à de nombreux autres impératifs. Elles sont tiraillées entre plusieurs rôles contradictoires pour garder leur rang de « femmes modernes émancipées ».

Les femmes condamnées au régime par notre société se font violence. Elles se battent contre leur personne et contre leur propre organisme. Elles s'inféodent au lieu de se libérer. Elles mutilent leur corps de femme, parfois au point d'enfanter avec peine. Ce combat est d'autant plus absurde qu'il est le plus souvent inutile et voué à l'échec. En effet, les régimes entrepris le sont généralement sans aucune raison médicale car les personnes commencent un régime alors qu'elles sont en bonne santé et ont un poids tout à fait normal. Ces régimes sont abandonnés spontanément au bout de quelques jours, voire de quelques semaines, au prix d'une perte de moral et... d'une reprise inexorable du poids perdu. Si ces régimes « réussissent », ils peuvent aller trop loin et conduire certaines personnes plus vulnérables à des troubles psychologiques plus ou moins graves comme la boulimie ou l'anorexie mentale.

Les préoccupations pour le poids et le corps sont la règle plutôt que l'exception dans nos sociétés occidentalisées. Elles commencent dès l'enfance. L'insatisfaction corporelle et les comportements de régime augmentent avec l'âge, en particulier à l'adolescence.

Dans le département de Haute-Marne en France, une vaste enquête auprès de lycéens âgés de 11 à 20 ans confirme que les préoccupations pour le poids, l'apparence corporelle et les régimes sont fréquentes chez les adolescents, surtout chez les jeunes filles[1]. À 12 ans déjà, un certain nombre d'adolescents se font vomir, abusent de laxatifs ou de médicaments de régime pour contrôler leur poids. Chez les filles, ces comportements augmentent sensiblement après 14 ans. Les crises de boulimie ne sont pas rares puisque 10 % des filles et 7 % des garçons en ont. 1,1 % des filles et 0,2 % des garçons présentent un véritable trouble boulimique. Tous ces comportements alimentaires perturbés s'accompagnent fréquemment de symptômes dépressifs et physiques.

Ces comportements précoces de régime ne sont pas à banaliser. En effet, une étude menée à Londres montre que les jeunes lycéennes au régime courent huit fois plus de risques de développer un trouble des conduites alimentaires (anorexie mentale ou boulimie) que celles qui ne le sont pas[2]. Les spécia-

1. Flament, M. *et coll.* (1995). « A population study of bulimia nervosa and subclinical eating disorders in adolescence », *in* H.-Ch. Steinhausen (Ed.), *Eating Disorders in Adolescence. Anorexia and Bulimia Nervosa*. Berlin : Walter de Gruyter.

2. Patton, G. *et coll.* (1999). « Onset of adolescent eating disorders : population-based cohort study over 3 years ». *British Medical Journal*, 318, 765-768.

listes australiens parlent d'ailleurs de « troubles des conduites de régime » pour désigner les « troubles des conduites alimentaires » tant les régimes y jouent un rôle central. Pour sa part, l'étude française réalisée en Haute-Marne a clairement indiqué une forte association entre des comportements alimentaires perturbés et une baisse de la santé physique et psychologique : des symptômes dépressifs, des plaintes somatiques, des troubles du sommeil et de la fatigue.

Il est urgent de dénoncer et d'enrayer la course éperdue à la minceur, cette nouvelle folie de notre temps. Elle conduit certaines personnes prédisposées à développer des troubles mentaux comme la boulimie.

La boulimie — un syndrome caractérisé par des crises de boulimie incoercibles et des comportements compensatoires pour ne pas grossir — est sans doute une « maladie de civilisation ». Elle touche spécifiquement les cultures occidentalisées. Décrite dans la littérature historique et romanesque depuis plusieurs siècles voire des millénaires, elle est apparue dans la littérature médicale au XIXe siècle et semble en augmentation depuis la seconde moitié du XXe siècle. Cette explosion pourrait tenir à l'idéalisation de la minceur ainsi qu'à l'abondance et à la disponibilité de nourriture dans nos pays industrialisés. La boulimie serait en ce sens un « syndrome lié à notre culture ».

Depuis une vingtaine d'années, il existe des traitements efficaces de la boulimie. La plupart des personnes traitées guérissent de la boulimie ou voient leur boulimie diminuer. Par conséquent, une thérapie de la boulimie vaut toujours la peine d'être tentée.

La thérapie cognitivo-comportementale est l'une des thérapies les plus efficaces dans le traitement de la boulimie. Elle conduit la personne boulimique à modifier son comportement alimentaire perturbé et à améliorer son insatisfaction corporelle. Elle dure en moyenne plusieurs mois, voire quelques années. C'est cette forme de traitement qui est exposée dans ce livre.

La thérapie cognitivo-comportementale de la boulimie est souvent délivrée avec l'aide d'un « guide pour s'aider soi-même » comme le nôtre. Elle a fait la preuve d'une bonne efficacité pour certaines personnes dans ces conditions[3]. Nous vous invitons à la tester, seule ou avec l'aide d'autrui.

Comment utiliser au mieux ce livre ? Tout simplement, en le lisant une première fois en entier pour vous familiariser avec lui. Ensuite, en le relisant attentivement. Si vous souhaitez vous soigner avec l'aide de ce livre, il vous faudra suivre scrupuleusement nos conseils et faire les exercices suggérés. Ne soyez pas trop impatiente. Ne brûlez pas les étapes. Plus vous persévérerez et plus vous vous engagerez personnellement dans ce traitement, plus aurez de chances d'en bénéficier. Si malgré tous vos efforts vous n'y arrivez pas seule, ne vous découragez pas. Demandez l'aide d'un professionnel de la santé (un médecin, un psychiatre, un psychologue, une infirmière...) pour vous y aider.

---

3. Carter, J. (2002). « Self-help books in the treatment of eating disorders », *in* Ch. Fairburn et K. Brownell (Eds.), *Eating Disorders and Obesity. A Comprehensive Handbook. Second Edition*. New York : Guilford Press.

Chapitre 1

Qu'est-ce que la boulimie ?

Un trouble des conduites alimentaires

Un peu d'histoire

Le mot « boulimie » signifie étymologiquement « faim de bœuf » ou « faim au point de manger tout un bœuf ». La personne « boulimique » présente un appétit vorace. Elle se goinfre, puis se purge ou se restreint pour atténuer les conséquences négatives de ses débordements alimentaires (douleurs, culpabilité, peur de grossir...).

Manger exagérément et se faire vomir sont des comportements qui semblent avoir toujours existé. Des comportements boulimiques épisodiques, suivis ou non de vomissements autoprovoqués, sont décrits depuis l'Antiquité gréco-romaine. Que l'on songe aux empereurs romains qui organisaient des orgies, puis passaient au « vomitorium » pour pouvoir manger à nouveau ou encore aux anciens Égyptiens qui se purgeaient tous les mois plusieurs jours d'affilée pour « se maintenir en bonne santé ».

En dehors de ces excès alimentaires festifs, la suralimentation a été longtemps considérée par les « médecins » de l'Antiquité au XVIIIe siècle comme un trouble gastrique, s'accompagnant parfois d'un état de faiblesse, d'évanouissements de faim et de vomissements.

Aux XIXe et XXe siècles, les crises de boulimie et les vomissements passent pour des manifestations hystériques ou psycho-névrotiques plutôt que pour de réels troubles digestifs. On passe alors d'une explication physiologique à une explication psychologique de la boulimie.

Un nouveau trouble ?

Ce n'est que depuis les années 1970 que la boulimie est reconnue comme un véritable trouble psychologique à part entière, un trouble des conduites alimentaires spécifique, distinct d'un quelconque trouble organique ou d'un quelconque trouble névrotique. En 1979, Gerald Russel, un psychiatre londonien, décrit pour la première fois les symptômes et propose des critères de diagnostic pour ce trouble qu'il appelle « bulimia nervosa » : des impulsions violentes et irrésistibles à se suralimenter, des comportements compensatoires volontaires en réaction aux crises de boulimie pour éviter de grossir (vomissements autoprovoqués, abus de laxatifs, restriction alimentaire…) et, enfin et surtout, une peur pathologique de grossir ou un désir excessif de minceur.

Curieusement, malgré les crises de boulimie répétées, les femmes qui en souffrent maintiennent un poids normal. Comme elles sont terrorisées à l'idée de prendre du poids, elles se purgent ou compensent par la diète leurs excès alimentaires pour

LA BOULIMIE EN CHIFFRES

Entre 1 et 3 % des adolescentes et des jeunes femmes (15-30 ans) souffriraient de boulimie au sens strict du terme. Si on utilisait des critères diagnostiques moins rigoureux incluant des formes incomplètes de boulimie ou des épisodes boulimiques sporadiques, ces chiffres seraient bien plus importants, peut-être deux à trois fois plus élevés. Par exemple, une enquête auprès de lycéennes a révélé la présence régulière de crises de boulimie chez 20 % d'entre elles, de périodes de jeûne chez 12 % et de vomissements autoprovoqués pour ne pas grossir chez 3 % !

La boulimie passe souvent inaperçue et est « sous-diagnostiquée ». Cela tient au fait que les personnes boulimiques gardent leur maladie secrète ou la dénient et au fait que les médecins et les psychologues sont encore mal informés sur ce trouble. D'après une étude hollandaise récente, seulement 10 % des cas sont diagnostiqués par les médecins généralistes. Par conséquent, cette affection est peu traitée. On estime que seulement 1 à 2,5 % des personnes boulimiques suivent un traitement.

Toutefois, depuis les années 1970-1980, on observe dans les pays occidentalisés une augmentation régulière des consultations dans des centres spécialisés pour le traitement de la boulimie. Cette augmentation traduit sans doute une augmentation de l'incidence de la boulimie. Pour expliquer cette recrudescence, on évoque l'idéalisation croissante de la minceur, l'abondance et la disponibilité de la nourriture ainsi que la compétitivité grandissante dans notre société. Ces hypothèses explicatives restent à démontrer.

Étant donné que les médecins, les psychologues, les enseignants et les parents sont de plus en plus sensibilisés aux troubles alimentaires et qu'il existe de plus en plus d'informations diffusées dans les médias sur le sujet, la boulimie devient plus connue et moins tabou. Par conséquent, dans les prochaines années, on s'attend à voir augmenter le nombre de consultations pour boulimie.

rester minces ! Elles partagent ainsi avec les jeunes filles anorexiques l'obsession de la minceur mais sont malgré elles victimes de crises de boulimie qui menacent leur idéal de minceur. En ce sens, la boulimie est un trouble des conduites alimentaires apparenté à l'anorexie mentale (« anorexia nervosa »).

Comme le dit Valérie, une jeune femme boulimique de 17 ans : « Je suis une anorexique "refoulée" ou plutôt une anorexique ratée. Comme je veux être mince, je lutte sans cesse contre la bouffe. Plus je lutte, plus je craque et mange n'importe quoi. Plus je "crise", plus je risque de grossir. C'est l'enfer sur terre ! » C'est une source de grand désarroi pour Valérie qui se bat contre la nourriture et perd systématiquement le combat contre elle. La seule issue possible selon elle consiste à préserver désespérément un poids bas, au prix d'efforts et de souffrances incroyables.

Les premiers cas de boulimie au sens actuel du terme (« bulimia nervosa ») remonteraient aux années 1940-1970. Il est probable que des personnes aient souffert de cette affection avant, mais peu de cas sont rapportés. Il s'agirait donc d'un trouble mental dont la fréquence a augmenté récemment.

Comment se manifeste la boulimie ?

La personne boulimique souffre d'un véritable « trouble des conduites alimentaires ».

• Premièrement, elle présente des comportements de contrôle de son alimentation, de son poids et de son corps tout à fait inadaptés.

• Deuxièmement, ses comportements altèrent significativement sa santé physique, son bien-être psychologique et son adaptation à son environnement.

• Troisièmement, ils ne s'expliquent pas par une quelconque affection médicale ni par un autre trouble psychologique ou psychiatrique.

La boulimie se caractérise par des épisodes de boulimie, par des comportements pour compenser les effets grossissants de la nourriture ingérée lors des accès boulimiques (vomissements, abus de laxatifs, sport frénétique, jeûne...) et enfin par une peur pathologique de grossir, véritable clef de voûte du trouble.

La personne boulimique a régulièrement des crises de boulimie irrésistibles. Elle mange des quantités de nourriture anormalement grandes, en une période de temps limitée (en deux heures par exemple), avec un sentiment très désagréable de perte de contrôle sur son alimentation. Les crises sont souvent préparées : la personne achète à l'avance les aliments en prévision d'une crise, s'isole pour pouvoir la faire et la réalise chez elle, à l'abri des regards. Les crises surviennent en réaction à un état de dénutrition, à des événements stressants ou à des émotions déplaisantes (tension, tristesse, colère...).

« Je me rue sur la nourriture. On dirait quelqu'un qui n'a plus mangé depuis deux jours. C'est plus fort que moi. Je ne peux pas résister. Dès la première bouchée, je sais que je ne saurai plus m'arrêter. Je n'essaie même plus de lutter. J'arrête quand il n'y a plus rien ou quand je suis sur le point d'exploser. » Florence, 20 ans

« J'ai mes petites habitudes. Chaque fois que je reviens du travail, je passe faire des courses pour mes crises du soir. Je n'achète que les aliments que j'aime et qui sont faciles à manger et... à vomir. Arrivée chez moi, je commence le festin. Je ne m'arrête de manger que pour aller vomir, puis je mange à nouveau. Quand j'ai tout mangé et vomi, je suis crevée. Je ne suis plus bonne qu'à me mettre au lit. » Justine, 19 ans

« Je mange quand je suis contrariée. Cela me calme. C'est bête mais c'est comme ça. » Béatrice, 23 ans

La personne boulimique cherche à prévenir toute prise de poids consécutive à ses épisodes boulimiques. Pour maîtriser son poids, elle restreint son alimentation ou alterne des périodes de jeûne avec des périodes de boulimie ; elle refuse les invitations à des repas ; elle fait de l'exercice physique de façon exagérée. Elle se purge en se faisant vomir ou en abusant de laxatifs ou de diurétiques ; elle abuse de coupe-faim pour réduire son « appétit vorace ». Au cours de son trouble, elle combine l'un ou l'autre de ces stratagèmes de contrôle de son poids et de sa silhouette. Les purges surviennent généralement un à deux ans après le début des crises de boulimie.

« Quel soulagement d'avoir trouvé les vomissements ! Je peux enfin manger à ma faim et sans grossir ! » Manu, 18 ans

« Il n'y a rien à faire. Quand j'ai une crise, je dois vomir sinon je me sens trop mal après. » Mélissa, 16 ans

« Moi, c'est le sport ma manie. Je fais des longueurs et des longueurs à la piscine, sans m'arrêter. Au moins comme cela je compense mes "orgies" ! » Carmen, 20 ans

« Je ne me sens bien que vide. Je "bouffe" des laxatifs toute la journée et passe une partie de ma journée aux toilettes. Je préfère cela que grossir. » Sophie, 15 ans

La personne vit dans la hantise d'être ou de devenir grosse. Elle évalue sa valeur personnelle en fonction de son poids et de son apparence corporelle. Elle est constamment préoccupée par son poids et son physique alors qu'ils sont parfaitement normaux. Elle vérifie son apparence dans le miroir ou la fuit de peur de « voir la vérité en face ». Elle ne peut s'empêcher de se peser ou évite de le faire de peur de « connaître la vérité ».

« Je suis une obsédée des calories, du miroir et de la balance ! Je calcule les calories que je mange. Je m'inspecte dans le miroir pour traquer le moindre atome de graisse. Je me pèse

plusieurs fois par jour pour vérifier que mon poids est bien stable. Cela me rassure et m'exténue à la fois. » Kim, 22 ans

« Plutôt mourir que grossir ! J'ai déjà songé me couper le ventre mais je ne le ferai pas. C'est ridicule, je sais. J'ai demandé l'avis d'un médecin pour une liposuccion. Il m'a dit que je n'en avais pas besoin. On voit bien que ce n'est pas lui qui doit vivre avec cette panse ! » Eugénie, 19 ans

« Je suis terrorisée à l'idée de reprendre du poids. Enfant, j'étais obèse. C'est la pire période de ma vie. On se moquait de moi. Je ne veux plus jamais revivre cela. » Doriane, 26 ans

Est-ce que les personnes boulimiques mangent comme tout le monde ?

Les personnes boulimiques ingèrent beaucoup plus de calories pendant leurs crises de boulimie que les personnes non boulimiques lors d'un repas normal. Lors d'une crise de boulimie, elles mangent de plusieurs centaines à plusieurs milliers de calories, en moyenne entre 1 000 et 2 000 calories. Les jours de boulimie, elles peuvent ingérer facilement jusqu'à trois à quatre fois les calories journalières d'une personne non boulimique. Cependant, chez une même personne boulimique, les apports caloriques peuvent varier considérablement d'une crise à l'autre.

Lors des boulimies, les boulimiques mangent généralement beaucoup de calories, à grande vitesse. Leurs crises de boulimie durent en moyenne une demi-heure, soit une durée légèrement supérieure à un repas normal.

En dehors des crises, les boulimiques restreignent fortement la teneur calorique de leur alimentation. En particulier, elles se privent des « aliments riches » consommés lors des crises. Elles alternent une suralimentation incontrôlée, caractérisée par une prise calorique importante, et une sous-alimentation contrôlée, caractérisée par une restriction calorique.

Elles se différencient aussi par leurs comportements compensant les frénésies alimentaires : purges autoprovoquées et/ou activités physiques excessives pour « brûler les calories ». Ces stratagèmes de contrôle du poids favorisent la suralimentation car ils « autorisent » à se laisser aller aux boulimies.

Contrairement à ce que les boulimiques croient, elles mangent souvent « normalement », même pendant certaines crises de boulimie. En effet, comme tout le monde, elles mangent des repas de taille normale, des petits repas et parfois des repas copieux. Cependant, elles ont tendance à considérer ces repas normaux comme « trop caloriques », « non sains » ou encore « antidiététiques ». Elles pensent souvent avoir fait une crise de boulimie alors qu'elles ont objectivement ingéré peu de calories. C'est le type d'aliments consommés (par exemple, des sucreries ou des féculents) et la manière de les manger (par exemple, rapidement ou à une heure inhabituelle) qui les font conclure à une « crise de boulimie » alors qu'il s'agit de grignotage, d'un léger « écart diététique » ou d'un « bon repas » occasionnel, par exemple un repas de fête ou un repas au restaurant. Les boulimiques confondent facilement « boulimie objective » et « boulimie subjective » ! C'est souvent le sentiment de perte de contrôle alimentaire ou de violation d'un interdit diététique qui leur donne l'impression douloureuse de s'être abandonnées à une « crise de boulimie ». Suite à une crise de boulimie, elles ont tendance à se souvenir avoir mangé plus que ce qu'elles n'ont réellement mangé.

Si, lors des crises de boulimie, les boulimiques consomment plus de calories que les autres personnes lors d'un repas normal, par contre, elles consomment les différents macronutriments dans les mêmes proportions. Les unes et les autres tirent leur apport calorique journalier pour 50 % de glucides, pour 40 % de lipides et pour 10 % de protéines.

Enfin, par rapport à madame ou mademoiselle Tout-le-Monde, elles ont globalement de meilleures connaissances en ce qui concerne le contenu calorique et la composition des aliments de base. Un petit nombre d'entre elles sont cependant assez mal informées en matière de nutrition. Quoi qu'il en soit, cette connaissance est de peu d'utilité pour elles. Elle ne leur permet pas de manger normalement et de se débarrasser de leur boulimie. Elle pourrait même leur faire plus de mal que de bien. En effet, les boulimiques prennent souvent ces informations au pied de la lettre et appliquent les recommandations diététiques de façon outrancière. « Le mieux est l'ennemi du bien. »

Est-ce que les personnes boulimiques ont trop d'appétit ?

Les personnes boulimiques perçoivent mal les signaux internes de faim, associé habituellement au début du repas, et de rassasiement marquant la fin du repas. Au cours des repas, elles disent avoir faim et ne pas se sentir rassasiées. Au terme des repas, celles qui se sentent rassasiées peuvent éprouver à nouveau de la faim peu de temps après les repas. Ces perturbations des sensations de faim et de rassasiement perdurent après la normalisation de la boulimie.

Les personnes boulimiques ressentent plus de faim et moins de rassasiement en présence d'aliments combinant glucides et lipides qu'en présence d'aliments ne contenant que des glucides. Ce sont précisément ces aliments « mixtes » (viennoiseries, desserts, snacks…) qui font souvent l'objet de crises de boulimie.

Les personnes boulimiques ne présentent pas de réponses de « rassasiement sensoriel spécifique » pour un aliment donné, comme c'est le cas normalement. Autrement dit, au cours d'un repas, les boulimiques ne se lassent pas facilement des aliments ingérés et en poursuivent la consommation : ces aliments conservent longtemps leur « appétibilité », ce qui en augmente la consommation.

Ces observations plaident en faveur d'un dérèglement du système de l'appétit chez les personnes boulimiques. Il se pourrait que ce soit l'alternance régulière de périodes de boulimies, de purges et de restriction alimentaire qui dérègle chez elles les mécanismes de sélection alimentaire (préférences alimentaires) et de faim-rassasiement.

Le rétablissement d'un fonctionnement normal du contrôle de l'appétit et de l'alimentation passe par une longue normalisation du comportement alimentaire (prise régulière d'aliments variés, consommés en quantité normale, sans purges). Malheureusement, il prend du temps et reste imparfait. Ainsi, une personne peut ne plus avoir de boulimies-vomissements, manger à nouveau « normalement » et, malgré tout, ne pas se sentir pleinement rassasiée à la fin de repas normaux.

Un trouble aux deux visages

Les spécialistes distinguent deux formes de boulimie : la boulimie avec vomissements ou prise de purgatifs et la boulimie sans vomissements ni prise de purgatifs.

Dans la première forme, la personne recourt à des vomissements autoprovoqués ou à l'emploi abusif de laxatifs, diurétiques ou encore à des lavements. Dans la seconde, elle présente d'autres comportements compensatoires inappropriés comme le jeûne ou l'exercice physique excessif. Certaines personnes présentent simultanément les deux formes ou alternent entre les deux.

Les personnes qui se purgent semblent plus perturbées psychologiquement que celles qui ne le font pas. Elles sont plus déprimées et plus anxieuses ; elles sont plus insatisfaites de leur apparence corporelle ; elles ont davantage peur de manger et de grossir. Certaines abusent d'alcool et se mutilent. Souvent, ces personnes ont subi des conflits entre leurs parents, des manques de respect ou des abus (abus sexuels et physiques, négligence et carence affectives). Le début de cette forme de boulimie serait aussi plus précoce.

Faire un régime et se dépenser physiquement sont des comportements courants, voire « normaux » dans nos sociétés. Par contre, se faire vomir et abuser de médicaments pour régu-

LES CRITÈRES DIAGNOSTIQUES DE LA BOULIMIE (DSM-IV)

A. Épisodes récurrents de **crises de boulimie.**
Une crise de boulimie se caractérise par :
— une absorption d'une quantité importante de nourriture en un temps limité ;
— un sentiment de perte de contrôle sur le comportement alimentaire pendant la crise.

B. **Comportements compensatoires** inappropriés et récurrents visant à prévenir la prise de poids (vomissements provoqués ; abus de laxatifs, de diurétiques, de lavements ou d'autres médicaments ; jeûne ; exercice physique excessif).

C. Les crises de boulimie et les comportements compensatoires surviennent, en moyenne, **au moins deux fois par semaine pendant trois mois.**

D. L'**estime de soi** est influencée de manière excessive par le poids et l'apparence corporelle.

E. Le trouble ne survient **pas exclusivement pendant des épisodes d'anorexie mentale.**
Deux formes :
— boulimie avec vomissements ou prise de purgatifs : régulièrement, la personne se purge ;
— boulimie sans vomissements ni prise de purgatifs : régulièrement, la personne jeûne ou fait trop d'exercice physique.

ler son poids sont considérés comme des comportements « anormaux ». Ces derniers traduisent l'ampleur des préoccupations corporelles de la personne qui y recourt régulièrement. Malheureusement, ces comportements sont préjudiciables à la santé comme nous le verrons.

Quelques malentendus à propos du diagnostic de boulimie

Une crise de boulimie est plus fonction du sentiment de perte de contrôle sur son alimentation que de la quantité de nourriture mangée lors de la crise. C'est l'impression désagréable de ne pas pouvoir se contrôler — manger ce qu'on veut, quand on le veut, où on le veut, d'une certaine manière — qui définit le mieux une crise de boulimie. Une personne peut avoir l'impression d'avoir fait une crise, même avec une faible quantité de nourriture. On parlera alors de « boulimie subjective ». Un aliment jugé — à tort ou à raison — calorique et une humeur déprimée sont souvent à la base d'une telle boulimie. La personne boulimique a tendance à ne pas distinguer « boulimie subjective » et « boulimie objective » où les quantités de nourriture sont réellement exagérées. Pour elle, toute entorse à son régime strict est un excès alimentaire, indépendamment de la quantité. Par ailleurs, chez un même individu, la quantité de nourriture consommée peut être très variable d'une boulimie à l'autre.

Contrairement à une croyance erronée répandue, la grande majorité des personnes boulimiques ne présentent aucun surpoids. Elles ont un poids normal et même parfois un sous-poids. Malgré leurs crises de boulimie, elles maintiennent un poids normal du fait de leurs comportements compensatoires (restriction alimentaire entre les crises de boulimie, hyperactivité physique, purges). Typiquement, leur poids monte et descend de quelques kilos suivant la fréquence et l'intensité des boulimies et des comportements compensatoires.

Les personnes qui ont des crises de boulimie moins de deux fois par semaine ou durant moins de trois mois ne sont pas diagnostiquées formellement comme souffrant de « boulimie ». Néanmoins, en dehors de ces critères quantitatifs, elles présentent tous les traits distinctifs de la boulimie et nécessitent à ce titre des soins. Dans la pratique clinique, les critères de fréquence et de durée des épisodes de boulimie sont peu pertinents. Seule la détresse de la personne compte.

Un diagnostic de boulimie chez une personne n'explique ni le pourquoi ni le comment de ce trouble chez elle. La compréhension des facteurs explicatifs propres à chaque individu doit toujours venir compléter un « diagnostic formel ». Le traitement de la boulimie devrait toujours tenir compte de cette compréhension — ce « diagnostic fonctionnel » — et non du seul diagnostic psychiatrique. Une personne « boulimique » n'est pas l'autre comme un traitement n'est pas l'autre.

Un trouble spécifique

Sous certains aspects, la boulimie ressemble à d'autres troubles des conduites alimentaires. Néanmoins, elle constitue un trouble à part entière.

Boulimie et anorexie mentale

L'*anorexie mentale* se caractérise par le refus de s'alimenter adéquatement pour pouvoir maintenir un poids minimum normal, une peur pathologique de grossir et la disparition des règles (menstrues). Les personnes qui en souffrent sont en sous-poids franc. Elles ont un aspect squelettique. Tout comme les boulimiques, elles restreignent leur alimentation et associent leur estime de soi à leur poids et à leur silhouette. Il leur arrive aussi d'avoir des « crises de boulimie », compensées assez systématiquement par des purges ou de l'hyperactivité physique. Chez les anorexiques, les crises de boulimie sont la plupart du temps « subjectives » alors qu'elles sont le plus souvent « objectives » chez les boulimiques. Les anorexiques ont le sentiment de perdre le contrôle de leur alimentation mais en réalité mangent des quantités tout à fait normales, voire même de petite taille, lors de leurs « excès » ! La plupart des anorexiques ont perdu leurs règles, comme plus ou moins une boulimique sur deux.

Malgré ces ressemblances, les boulimiques se distinguent des anorexiques par la survenue récurrente de crises de boulimie et leur poids normal. Chez les boulimiques, les épisodes de suralimentation prennent le pas sur les périodes de restriction alimentaire, d'où un poids normal.

Les boulimiques sont obsédées par la maigreur comme garant de bonheur et de santé. Les anorexiques, par contre, recherchent la minceur pour la minceur et non comme un moyen d'accéder à un mieux-être associé à la minceur. Certaines anorexiques — surtout les jeunes anorexiques — sont plus attachées au contrôle de leur alimentation en tant que tel qu'aux effets de ce contrôle sur leur apparence, c'est-à-dire la minceur qui en résulte. C'est le contrôle de soi et la quête d'identité qui forment souvent le cœur de l'anorexie. Parfois, l'anorexie est une forme d'ascétisme ou un moyen de se punir.

Les boulimiques recherchent activement la minceur pour d'autres fins. Elles espèrent s'épanouir à travers la minceur alors que les anorexiques se sentent menacées dans leur identité anorexique/leur être si elles dérogent à la privation et à la maigreur, bases de leur équilibre précaire. Pour ces dernières, manger est une faiblesse ou une déchéance morale, une atteinte à leur intégrité psychologique, une capitulation par rapport à leur cause (la recherche d'absolu, la maîtrise de soi, la révolte contre l'injustice, l'opposition passive-agressive à des personnes qui leur ont fait du mal...). Pour les boulimiques par contre, manger c'est surtout risquer les crises de boulimie et… la prise de poids, c'est passer à côté d'un gage de mieux-être.

Les anorexiques font corps et esprit avec leur maladie. Elles ne se considèrent pas malades, contrairement aux boulimiques. Les anorexiques sont fières de leurs comportements restrictifs et de leur maigreur, parfois arborée comme un trophée, alors que les boulimiques ont honte de leurs crises de boulimie, de leurs purges et de leur corps « immonde ». Les premières refusent de changer quoi que ce soit à leur manière d'être, les secondes souhaitent ardemment se débarrasser du « monstre intérieur » qui les dévore.

Les boulimiques envient les anorexiques alors que les anorexiques redoutent par-dessus tout la boulimie, c'est-à-dire la perte de contrôle de soi et la reprise de poids. Les boulimiques se vivent souvent comme des « anorexiques ratées » ! Pour elles, les anorexiques réussissent — leur contrôle alimentaire et leur maigreur en témoignent là où elles-mêmes échouent.

Il existe des passages de l'anorexie mentale vers la boulimie alors que l'inverse est très rare. Ainsi, presque un quart des personnes qui souffrent de boulimie ont souffert dans leur passé d'anorexie mentale. Le passage de l'anorexie vers la boulimie se produit quand la personne anorexique ne parvient plus à maintenir une alimentation restrictive constante et se met à avoir des crises de boulimie récurrentes. Ainsi une « anorexie restrictive » peut évoluer progressivement vers une « anorexie boulimique » et se terminer en boulimie en fin d'adolescence ou au début de l'âge adulte. Le passage de l'anorexie vers la boulimie survient généralement dans les deux ans qui suivent le début de l'anorexie et ne se produit généralement plus au-delà de cinq ans d'anorexie.

D'autres troubles alimentaires atypiques au début (un mélange de régimes stricts, de boulimies, de purges, d'hyperactivité physique pour contrôler son poids et son corps) peuvent aussi aboutir à une véritable boulimie. De même, avec le temps, une boulimie peut évoluer vers un trouble alimentaire atypique.

TABLEAU COMPARATIF DE LA BOULIMIE ET DE L'ANOREXIE MENTALE		
	BOULIMIE	**ANOREXIE MENTALE**
Poids	Habituellement normal	Maigreur
Peur de grossir (préoccupations corporelles et pondérales)	extrême	extrême
Obsessions alimentaires	importantes	très importantes
Estime de soi	liée au corps, au poids et à leur contrôle (contrôle de son apparence)	liée au contrôle de son alimentation, de son corps et de son poids (contrôle de soi)
Perfectionnisme	excessif	très excessif
Comportements alimentaires	— crises de boulimie (surtout objectives) fréquentes	— restriction alimentaire chronique
	— restriction alimentaire entre les crises de boulimie	— crises de boulimie (surtout subjectives) plus ou moins fréquentes
Comportements purgatifs	très fréquents	plus ou moins fréquents
Aménorrhée	fréquente (sans hormones de substitution)	systématique (sans hormones de substitution)
Complications physiques	plus ou moins graves (liées aux purges)	graves (liées à la dénutrition et aux purges)

	BOULIMIE	ANOREXIE MENTALE
Problèmes psychologiques associés	— dépression fréquente — anxiété fréquente — abus d'alcool/drogues assez fréquents — automutilations et tentatives de suicide assez fréquentes — problèmes interpersonnels fréquents	— dépression fréquente — anxiété fréquente — abus d'alcool/drogues rares — automutilations et tentatives de suicide plus rares — problèmes interpersonnels fréquents
Âge d'apparition	jeunes adultes (parfois adolescentes)	(jeunes) adolescentes (parfois adultes)
Sexe	surtout des femmes	surtout des femmes
Prévalence	1 à 3 %	0,5 à 1 %
Motivation à se soigner	plutôt forte	plutôt faible

L'hyperphagie boulimique

L'*hyperphagie boulimique* est un autre trouble des conduites alimentaires proche de la boulimie mais qui s'en distingue par différents aspects.

L'hyperphagie boulimique se caractérise par des épisodes répétés de crises de boulimie mais sans un recours régulier aux comportements compensatoires extrêmes typiques de la boulimie (purges, jeûne, hyperactivité physique). La personne hyperphage boulimique a une alimentation très déstructurée. Elle mange de façon très variable pendant et entre les épisodes de suralimentation. Elle peut manger de grandes quantités de nourriture en gardant ou en perdant le contrôle de son alimentation, tout comme elle peut ne pas pouvoir se contrôler sans pour autant manger de grandes

LES CRITÈRES DIAGNOSTIQUES DE L'HYPERPHAGIE BOULIMIQUE (DSM-IV)

A. Épisodes récurrents de crises de boulimie.
Une crise de boulimie se caractérise par :
— une absorption d'une quantité importante de nourriture en un temps limité,
— un sentiment de perte de contrôle sur le comportement alimentaire pendant la crise.

B. Les crises de boulimie sont associées à au moins trois des caractéristiques suivantes :
— manger beaucoup plus rapidement que la normale,
— manger jusqu'à se sentir « plein(e) » et physiquement mal,
— manger beaucoup de nourriture sans éprouver de sensations physiques de faim,
— manger seul(e) par gêne vis-à-vis des quantités absorbées,
— se sentir dégoûté(e) de soi, déprimé(e) ou très coupable après avoir trop mangé.

C. Présence d'une souffrance significative en ce qui concerne le comportement boulimique.

D. Le comportement boulimique survient, en moyenne, au moins deux jours par mois pendant six mois.

E. Le comportement boulimique n'est pas associé au recours régulier à des comportements compensatoires inappropriés (purges, jeûnes, hyperactivité physique) et ne survient pas exclusivement au cours d'une anorexie mentale ou d'une boulimie.

quantités de nourriture. Elle mange tout au long de la journée des quantités variables de nourriture, sans début ni fin clairement identifiables à des prises alimentaires. Elle a tendance à se suralimenter pendant les repas. Elle ne restreint pas son alimentation après avoir mangé excessivement et ne se purge pas après. Elle présente souvent une obésité plus ou moins importante.

TABLEAU COMPARATIF DE LA BOULIMIE ET DE L'HYPERPHAGIE BOULIMIQUE		
	BOULIMIE	**HYPERPHAGIE BOULIMIQUE**
Crises de boulimie	Très fréquentes	Fréquentes
Déclencheurs	faim, état de dénutrition, émotions négatives	émotions négatives
Suralimentation	pendant les crises de boulimie	pendant et en dehors des crises de boulimie
Sentiment de contrôle	jamais lors des crises	parfois lors des crises
Comportements compensatoires après une suralimentation	systématiques	absents ou rares
Poids	plutôt normal	surpoids/obésité
Insatisfaction corporelle	extrême	importante
Peur de grossir	extrême	moyenne
Désir de minceur	extrême	moyen à fort
Problèmes psychologiques associés	fréquents et très importants	fréquents et importants
Âge de consultation	15-30 ans	30-50 ans
Âge d'apparition	fin de l'adolescence, début de l'âge adulte	fin de l'adolescence, début de l'âge adulte
Sexe	9 femmes/1 homme	3 femmes/1 homme
Prévalence	2 à 3 %	2 à 8 %

Dépression, anxiété, abus d'alcool et de drogues...

La boulimie se présente rarement seule chez un même individu. Elle s'accompagne généralement d'autres troubles psychologiques, le plus souvent de dépression ou d'anxiété pathologique. Enfin, on retrouve chez beaucoup de boulimiques des caractéristiques psychologiques communes.

La dépression

Une personne boulimique sur deux souffre de dépression clinique. C'est de loin la maladie la plus souvent associée à la boulimie.

La dépression peut suivre l'apparition de la boulimie ou la précéder. Dans le premier cas, elle est considérée comme « secondaire » à la boulimie, c'est-à-dire comme l'une de ses conséquences — liées à la restriction alimentaire — ou comme une réaction à la boulimie — par exemple, une réaction de désespoir face à l'incontrôlabilité des crises ou le fruit de conflits avec l'entourage à propos de l'alimentation. Dans le deuxième cas, la dépression est considérée comme un facteur de vulnérabilité individuelle, psychologique et/ou biologique, pour la boulimie.

L'anxiété pathologique

La moitié des personnes boulimiques souffrent d'anxiété pathologique, surtout d'anxiété sociale et d'anxiété généralisée.

L'anxiété sociale se caractérise par la peur de certaines situations sociales vécues comme embarrassantes ou humiliantes. Par exemple, la peur du jugement négatif d'autrui, de parler ou d'agir en public, la peur de se tromper, la peur du ridicule, la peur de la critique…

L'anxiété généralisée se caractérise par des inquiétudes excessives à propos de tout et de rien, accompagnées de réactions physiologiques de stress. Par exemple, la personne se tracasse exagérément pour sa santé, sa scolarité, son couple… Elle rumine longuement ses soucis, se sent fatiguée, se concentre difficilement, perd le sommeil…

Le plus souvent, cette anxiété anormale est antérieure à la boulimie. Elle pourrait constituer un facteur de vulnérabilité individuelle, psychologique et/ou biologique, pour la boulimie. L'anxiété sociale renforce l'isolement social, la faible estime de soi et l'insatisfaction corporelle et, de là, la boulimie. Les crises de boulimie et les purges sont parfois utilisées pour réduire temporairement l'anxiété.

L'abus d'alcool et de drogues

Il n'est pas rare que des personnes boulimiques consomment régulièrement de façon abusive de l'alcool ou des drogues comme des amphétamines, de la marijuana ou des tranquillisants. Cet abus de substances psychoactives s'ajoute à leur prise de « médicaments pour contrôler leur poids » (laxatifs, diurétiques, coupe-faim, vomitifs, brûle-graisse…). Il leur sert de moyen de gestion de leurs émotions négatives. Il leur permet d'oublier leur sentiment de nullité ou leur vie malheureuse et de s'étourdir. Malheureusement, cette habitude les conduit souvent vers une dépendance physique.

Les personnes boulimiques qui se saoulent et se droguent souffrent davantage de dépression, d'anxiété sociale, de comportements perturbés et de personnalité anxieuse ou impulsive que les boulimiques qui n'abusent pas de produits toxiques. En outre, leur famille proche souffre elle-même davantage de problèmes d'impulsivité et d'instabilité émotionnelle.

Une personnalité fragile

Par rapport aux personnes non boulimiques, les boulimiques manquent plus de confiance en elles et sont généralement plus impulsives et plus sensibles dans les relations interpersonnelles. On dit souvent qu'elles fonctionnent en « tout ou rien » ou en « noir ou blanc ». Ainsi, elles témoignent fréquemment de réactions émotionnelles vives (des réactions de colère ou de tristesse par exemple), contrôlent moins bien certains comportements (accès de colère, abus d'alcool ou de calmants, vols, automutilations par exemple) et connaissent des relations sociales moins stables (amitiés ou relations sentimentales perturbées par exemple). Il leur arrive de ne pas savoir clairement qui elles sont (« troubles de l'identité ») et d'éprouver des sentiments d'abandon, d'ennui profond ou de vide. Ces réactions font souvent suite à des expériences traumatisantes vécues plus jeunes dans des milieux peu soutenants ou discordants (abus physiques, abus sexuels, carence affective...).

Beaucoup de personnes boulimiques présentent des réactions de peur, évoquant une personnalité plutôt anxieuse. Elles sont mal à l'aise au contact des autres et sont plutôt « obsessionnelles », c'est-à-dire maniaques, perfectionnistes, désireuses de bien faire et inquiètes face à l'incertitude.

Certaines boulimiques éprouvent un besoin important d'attention et d'admiration et ont une haute considération de leur personne (sensibilité à la critique par exemple).

Ce mélange d'impulsivité, d'anxiété/insécurité et de narcissisme ne s'observe pas de façon systématique chez toutes les boulimiques, il peut être absent chez certaines et plus ou moins présent chez d'autres. Une dimension (impulsive — émotionnelle — anxieuse — obsessionnelle — narcissique) peut être plus présente qu'une autre. Une même personne peut changer de comportement au fil du temps. Par conséquent, il faut bien se garder de considérer que toutes les filles boulimiques ont la même personnalité, c'est-à-dire réagissent toujours de la même façon quelles que soient les circonstances, et que les boulimiques ont une « structure de personnalité » figée ! Comme la dépression et l'état de dénutrition modifient transitoirement la « personnalité » d'une personne, il faut d'autant plus éviter de conclure trop hâtivement à un « trouble de la personnalité ».

Chapitre 2

Quand faut-il s'inquiéter ?

Faire la part du normal et du pathologique

Il n'est pas toujours aisé de déterminer avec certitude si les comportements alimentaires ou sportifs d'une personne sont normaux ou pathologiques.

Un régime et une activité physique régulière ne sont pas automatiquement une manifestation d'un trouble des conduites alimentaires. Face à une alimentation abondante et disponible, dans une société sédentaire, ce n'est plus la crainte de manquer d'aliments mais bien la crainte de manger trop ou déséquilibré qui nous hante. Dans notre culture, les régimes et le sport sont valorisés, non seulement en réponse aux standards esthétiques dominants mais aussi sur la base de conseils médicaux. Par exemple, une hygiène alimentaire et physique est recommandée pour prévenir des maladies comme les maladies cardio-vasculaires, l'hypercholestérolémie, certains cancers ou l'obésité.

Par ailleurs, les comportements alimentaires sont très variables d'un individu à l'autre. Par exemple, chez les jeunes, passer un repas, le restreindre, en modifier la composition sont aussi fréquents que grignoter des sucreries, boire des sodas ou manger n'importe quoi, n'importe où, à n'importe quelle heure. Il est par conséquent hasardeux de déterminer ce qui est normal et ce qui ne l'est pas, surtout durant l'adolescence.

Les habitudes alimentaires éloignées du schéma alimentaire classique — petit déjeuner, déjeuner, dîner — sont la plupart du temps anodines. Ce « désordre alimentaire », très fréquent chez les adolescents, peut inquiéter les parents qui, informés des dangers de l'anorexie et de la boulimie, peuvent y voir des signes d'anormalité et entrer en conflit ouvert avec leur enfant à propos de son alimentation chaotique. Les adultes oublient que les jeunes — les filles en particulier — ont des standards de minceur plus stricts que les adultes et que, chez eux, la restriction alimentaire est devenue la règle plus que l'exception.

Ces dernières années, nous assistons à une multiplication alarmante de formes incomplètes de troubles des conduites alimentaires. De plus en plus de jeunes filles sont préoccupées constamment par leur poids et par leur silhouette. Elles font des efforts soutenus pour perdre du poids ou maintenir un poids bas et ont des règles irrégulières. Quelques-unes ont de temps à autre des crises de boulimie. D'autres se purgent assez régulièrement, « juste pour éviter de grossir ». Certaines prennent régulièrement des coupe-faim pour éviter de succomber à la tentation de manger et « garder la ligne ».

Ces formes partielles d'anorexie ou de boulimie ne sont pas à banaliser du tout. En effet, elles induisent des symptômes de dénutrition préjudiciables (troubles menstruels, troubles de la concentration...) ainsi que des difficultés psychologiques importantes, sources de grande détresse pour la personne elle-même et pour son entourage (isolement social, échec scolaire, humeur labile, disputes intrafamiliales...).

Comment faire alors la part entre un simple régime ou une activité physique normale et le début d'un réel problème alimentaire ? Si une personne devient obsédée par son alimentation, son poids, sa silhouette ou l'exercice physique et si elle adopte des comportements dangereux pour sa santé comme vomir, abuser de diurétiques ou s'exténuer dans un sport, on peut suspecter chez elle des préoccupations alimentaires et corporelles anormales.

Des comportements alimentaires perturbés

Certains comportements alimentaires peuvent être le signe d'un trouble des conduites alimentaires. Plus ils persistent dans le temps, plus ils deviennent disproportionnés par rapport à l'objectif de départ — perdre quelques kilos —, plus ils doivent conduire à s'interroger. Ces comportements varient d'une personne à l'autre.

➤ Manger est source de malaise

La personne mange ou prend des décisions au sujet de la nourriture (manger où, quand, quoi ou en quelle quantité ?) avec anxiété et/ou culpabilité. Manger n'est plus une source de plaisir ou de bien-être mais une souffrance. Elle éprouve de la honte et de la culpabilité à manger.

Sylvia redoute les repas. Pour elle, manger est une torture. Dans son esprit, manger équivaut à grossir et courir le risque de faire une crise de boulimie. Aussi, elle s'arrange pour sauter le repas de midi. Quand elle doit manger malgré tout, elle le fait avec beaucoup d'angoisse et le regrette après.

➤ Le comportement alimentaire est dirigé par des sensations corporelles perturbées ou désagréables

La personne réagit peu ou plus du tout à ses signaux internes de faim ou de satiété. Elle adapte son comportement alimentaire à ses sensations corporelles douloureuses (ballonnements...).

Sylvia prétend n'avoir plus d'appétit et se plaint de se sentir lourde et écœurée après quelques bouchées. Cela l'amène à restreindre son alimentation. Selon elle, si elle n'a pas faim, c'est qu'elle ne doit pas manger. Si elle mange sans éprouver de la faim, elle se considère comme gourmande et se le reproche. Le soir, il lui arrive de continuer à manger alors qu'elle a assez mangé. Elle dit en éprouver le besoin, être irrésistiblement appelée par la nourriture.

➤ Les règles diététiques sont rigides et stéréotypées

La personne ne mange plus que ce que son régime lui permet. Elle abandonne ses préférences alimentaires habituelles et néglige ses besoins nutritionnels réels. Elle mange toujours les mêmes aliments, d'une façon stéréotypée.

Sylvia respecte scrupuleusement ses heures de repas. Elle mange tous les jours un yaourt maigre le matin et de la soupe, une salade variée et une pomme en soirée. Elle ne boit plus que du café et du Coca light. Seuls les crises de boulimie et les repas pris à l'extérieur avec d'autres viennent perturber ce schéma alimentaire inflexible. En cas de crise, elle se rue sur des aliments sucrés (chocolat, biscuits, glaces...).

➤ Le comportement alimentaire est irrégulier

La personne ne suit plus un schéma alimentaire régulier. Elle néglige une alimentation régulière au profit d'autres activités ou elle reporte les repas, parce qu'elle ne les maîtrise plus toujours (crises de boulimie) ou parce qu'elle les craint (peur de grossir).

Sylvia saute systématiquement le petit déjeuner le lendemain des soirées de crise. Il lui arrive de jeûner toute la journée si les crises de la veille ont été trop importantes. D'habitude elle essaie de manger le plus tard possible afin de ne pas « craquer » et avoir des crises de boulimie en journée. Malheureusement, plus elle attend, plus est s'affame et est obsédée par la nourriture. Au moindre aliment consommé, elle risque alors le dérapage dans la boulimie.

➤ Le comportement alimentaire est instable et difficilement contrôlable

La personne s'efforce de maîtriser son alimentation. Cependant, il lui arrive d'en perdre le contrôle. Elle réagit alors par de réelles crises de boulimie ou par des écarts à son régime, qui l'angoissent et la culpabilisent. Elle passe régulièrement d'un contrôle excessif à une perte de contrôle de son alimentation.

Sylvia ne peut s'empêcher de se goinfrer après le repas du soir. Dès qu'elle se met à manger le repas du soir, elle ressent une faim d'ogre. Elle s'isole alors dans sa chambre pour y vider des paquets de biscuits et de chocolats. Une fois l'estomac plein, elle se fait vomir, puis recommence à manger jusqu'au prochain vomissement. Elle s'arrête de manger quand elle est exténuée ou quand elle n'a plus rien à manger.

➤ Le comportement alimentaire reflète l'état émotionnel

La personne mange plus ou moins suivant son humeur. Le stress, la tristesse, la culpabilité… l'amènent à restreindre anormalement son alimentation ou à en perdre le contrôle et à se suralimenter.

Sylvia mange quand elle se sent seule et déprimée. Elle rumine alors ses prétendus échecs de la journée et la situation d'impasse que constitue sa boulimie. Plutôt que pleurer, elle mange pour apaiser sa tristesse. Malheureusement, plus elle mange, plus elle se culpabilise et se trouve une ratée. Elle mange alors à nouveau pour oublier son désespoir.

➤ Le comportement alimentaire se modifie en fonction du poids et de la silhouette

La personne adapte son comportement alimentaire à son poids actuel ou au poids qu'elle souhaite atteindre. Son désir d'être mince et sa peur de grossir la conduisent à restreindre son alimentation ou à se livrer à des comportements compensatoires de contrôle de son poids (exercice physique, vomissements autoprovoqués, abus de laxatifs...).

La personne se fixe des objectifs de perte de poids de plus en plus élevés. Elle ne se contente pas des résultats atteints. Elle continue à critiquer son apparence physique et à se voir plus grosse qu'elle n'est en réalité.

Sylvia se pèse plusieurs fois par semaine. Si elle perd du poids, elle est rassurée. Si elle en gagne, elle panique. Après chaque crise de boulimie, elle monte sur la balance et constate les « dégâts ». Si le verdict de la balance est sévère, elle décide de sauter le repas suivant. S'il est plus clément, elle tente de restreindre son alimentation pour maigrir. Dans les deux cas, elle augmente les risques de boulimie.

➤ Le comportement alimentaire perturbe le mode de vie habituel

La personne est obsédée par la nourriture, sa silhouette, son poids. Elle consacre une grande partie de son temps à penser à ce qu'elle peut ou ne peut pas manger et quand et comment elle va brûler ses calories.

Elle change de caractère. Elle s'isole de plus en plus. Elle restreint son univers et ses activités à son régime, aux exercices physiques qu'elle s'impose et à ses études ou à son travail.

Certaines femmes perdent leurs règles ou ont des règles irrégulières. Les hommes présentent des troubles du désir et de l'érection.

Sylvia voit de moins en moins ses amis. Elle s'isole chez elle. Elle y mange, y étudie et y dort. Elle est déprimée et refuse le contact. Elle est convaincue que personne ne peut la comprendre ni l'aider. Les lendemains de crises de boulimie non compensées par des vomissements, elle reste à la maison plutôt qu'aller aux cours. Elle a honte d'elle. Elle a peur d'avoir grossi et d'être hideuse.

Des exercices physiques inadaptés

L'exercice physique est considéré comme inadapté, voire excessif, dans les cas suivants :

- Il est largement supérieur au niveau moyen d'activité pratiqué par la majorité des personnes appartenant à une même catégorie d'individus (même âge, même milieu social…).
- Il est pratiqué dans le but de « brûler des calories » ou de « travailler sa silhouette » plus que pour le plaisir, la détente ou pour entretenir sa condition physique. La personne se met aussi, par exemple, à faire son ménage avec une dépense énergétique exagérée ou encore à monter et à descendre les escaliers chez elle pour un oui ou pour un non.
- Il n'est pas compensé par des apports nutritionnels suffisants.
- Il induit une dépendance psychologique et des symptômes de sevrage — anxiété, culpabilité, irritabilité — en cas de limitation ou d'arrêt.
- Il provoque des douleurs et des lésions dont la personne ne tient pas compte, qu'elle minimise ou dissimule. La personne continue à faire du sport malgré ces signaux d'alerte et les dommages corporels subis. Elle pratique l'exercice physique sans tenir compte de son état de santé général.
- Il est pratiqué de façon compulsive : la personne est incapable de se limiter ou de s'en passer. Il est pratiqué de façon rigide et répétitive : les exigences sont poussées toujours

plus loin. Il ne provoque plus aucun plaisir mais est pratiqué par obligation.

• Il se fait au détriment d'autres activités comme le travail, la vie familiale ou la vie sociale. La personne s'isole pour s'adonner au sport, y consacre le plus clair de son temps libre, empiète même parfois sur son temps de travail.

Clémence, une jeune femme de 22 ans, ne peut s'empêcher de nager trois fois par semaine. Elle se lève tôt le matin pour se rendre à la piscine dès son ouverture. Elle nage cent longueurs sans s'arrêter. Elle sort de la piscine épuisée mais satisfaite d'elle. Elle se précipite ensuite à son travail. Au travail, elle a des vertiges et des difficultés à se concentrer. Chaque soir, après son travail, elle se rend dans une salle de fitness. Elle y reste deux heures. Malgré son essoufflement et ses douleurs musculaires, elle se sent obligée d'enchaîner les exercices. Tout son temps libre est consacré au sport et... aux crises de boulimie. En dehors du travail, elle ne voit plus personne. Sa vie est rythmée par le travail, le sport et les crises de boulimie.

Êtes-vous boulimique ?

Les comportements alimentaires et sportifs décrits ci-dessus vous auront déjà permis de suspecter chez vous ou chez l'un de vos proches la présence d'un trouble des conduites alimentaires.

Voici à présent deux questionnaires permettant d'évaluer si vous souffrez d'un trouble boulimique. Le premier, très court, permet une détection rapide d'un comportement boulimique. Le second questionnaire, plus long, permet d'affiner l'évaluation et de quantifier la gravité de la boulimie.

Si les résultats aux questionnaires sont positifs, consultez votre médecin ou un spécialiste. N'ayez pas peur ou honte de parler ouvertement de vos problèmes. Les professionnels de la santé ne sont pas là pour vous juger mais bien pour vous aider. Ils vous prendront au sérieux et vous proposeront leur soutien.

QUESTIONNAIRE DIAGNOSTIQUE D'UNE BOULIMIE	
Répondez par oui ou par non aux questions suivantes :	
1. Perdez-vous le contrôle de votre alimentation ou mangez-vous trop ?	Oui/Non
2. Vous faites-vous vomir ou prenez-vous des laxatifs parce que vous vous sentez « pleine » ou mal physiquement après avoir mangé ?	Oui/Non
3. Votre poids fluctue-t-il de plus de 2 kg par semaine ?	Oui/Non
4. Pensez-vous être trop grosse alors que d'autres disent que vous êtes de poids normal ou trop maigre ?	Oui/Non
5. Diriez-vous que la nourriture domine votre vie ?	Oui/Non

(D'après Morgan J., *BMJ*, 319, 1467-1468, 1999.)

• *Cotation et interprétation des résultats*

Attribuez un point à chaque réponse « oui ». Un score égal ou supérieur à 2 correspond à un diagnostic probable de boulimie. Pour s'en assurer, il faut procéder à un « diagnostic différentiel », c'est-à-dire exclure des troubles qui ressemblent à la boulimie mais qui n'en sont pas. Passez au test suivant pour évaluer plus précisément le comportement alimentaire perturbé. En cas de doute, consultez un spécialiste.

INVENTAIRE DE LA BOULIMIE D'EDINBURGH

Entourez la réponse correcte à chaque question.
Répondez en considérant les trois derniers mois.

1. Mangez-vous quotidiennement suivant un schéma régulier ?	Oui/Non
2. Faites-vous un régime strict ?	Oui/Non
3. Si vous abandonnez une fois votre régime, est-ce un échec ?	Oui/Non
4. Calculez-vous les calories de tout ce que vous mangez, même lorsque vous ne suivez pas de régime ?	Oui/Non
5. Vous arrive-t-il de jeûner pendant toute une journée ?	Oui/Non

6. * Si oui, à quelle fréquence ?
   a) 1 fois seulement
   b) de temps en temps
   c) 1 fois par semaine
   d) 2 à 3 fois par semaine
   e) tous les 2 jours

7. * Avez-vous recours aux moyens suivants pour perdre du poids ?
Veuillez vous servir de l'échelle suivante pour répondre.

jamais	0
occasionnellement	2
1 fois par semaine	3
2 à 3 fois par semaine	4
quotidiennement	5
2 à 3 fois par jour	6
5 fois par jour ou plus	7

Coupe-faim ... Diurétiques ...

Laxatifs ... Vomissements provoqués ...

8. Votre schéma d'alimentation perturbe-t-il sévèrement votre vie ?	Oui/Non
9. Diriez-vous que la nourriture domine votre vie ?	Oui/Non
10. Vous arrive-t-il de manger sans arrêt et de ne cesser que lorsque vous ressentez un malaise physique ?	Oui/Non
11. Y a-t-il des moments où vous ne pouvez plus penser à rien d'autre qu'à la nourriture ?	Oui/Non
12. Mangez-vous raisonnablement quand vous êtes en compagnie d'autres personnes, tout en vous rattrapant quand vous êtes seule ?	Oui/Non
13. Pouvez-vous toujours vous arrêter de manger quand vous le voulez ?	Oui/Non
14. Vous est-il arrivé d'éprouver un besoin irrésistible de manger d'énormes quantités de nourriture ?	Oui/Non
15. Avez-vous tendance à beaucoup manger lorsque vous êtes angoissée ?	Oui/Non
16. Êtes-vous terrifiée à l'idée de devenir grosse ?	Oui/Non
17. Vous est-il arrivé de manger de grandes quantités de nourriture rapidement (en dehors des repas) ?	Oui/Non
18. Avez-vous honte de vos habitudes alimentaires ?	Oui/Non
19. Craignez-vous de ne plus avoir le contrôle sur la quantité de nourriture que vous mangez ?	Oui/Non
20. Vous raccrochez-vous à la nourriture pour vous réconforter ?	Oui/Non
21. Pouvez-vous laisser des restes sur votre assiette à la fin des repas ?	Oui/Non

22. Cachez-vous aux autres combien vous mangez ?	Oui/Non
23. La faim détermine-t-elle la quantité de ce que vous mangez ?	Oui/Non
24. Vous est-il arrivé de dévorer irrésistiblement d'énormes quantités de nourriture ?	Oui/Non
25. Si oui, cela vous rend-il très malheureuse ?	Oui/Non
26. Lorsque vous dévorez d'énormes quantités de nourriture, le faites-vous uniquement en cachette ?	Oui/Non
27. * À quelle fréquence moyenne le faites-vous ? (voir question 26). a) presque jamais b) 1 fois par mois c) 1 fois par semaine d) 2 à 3 fois par semaine e) quotidiennement f) 2 à 3 fois par semaine	
28. Seriez-vous capable de faire des démarches considérables pour satisfaire ce besoin irrésistible de manger ?	Oui/Non
29. Vous sentez-vous très coupable quand vous mangez trop ?	Oui/Non
30. Vous arrive-t-il de manger en cachette ?	Oui/Non
31. Considérez-vous vos habitudes alimentaires comme normales ?	Oui/Non
32. Vous considérez-vous comme une mangeuse impulsive ?	Oui/Non
33. Votre poids fluctue-t-il de plus de 2 kg par semaine ?	Oui/Non

(Bouvard, M. et Cottraux, J., *Protocoles et échelles d'évaluation en psychiatrie et en psychologie*, Masson, 1996 ; Henderson, M. et Freeman C. P., *BJP*, 150, 18-24, 1987.)

• *Cotation et interprétation des résultats*

Ce questionnaire permet de calculer un indice de probabilité d'un diagnostic de boulimie ainsi qu'un indice de sévérité de la boulimie si elle est diagnostiquée.

Les 30 questions non marquées d'un astérisque concernent le diagnostic. Les questions 1, 13, 21, 23 et 31 sont cotées 1 point pour une réponse « Non ». Les 25 autres questions sont cotées 1 point pour une réponse « Oui ».

Les 3 questions marquées d'un astérisque (6, 7 et 27) concernent la sévérité du trouble. Il suffit de sommer les scores respectifs à ces 3 questions.

En ce qui concerne l'indice de probabilité d'une boulimie :

— un score de 20 points et plus indique la possibilité d'une boulimie ;

— un score de 10 à 19 points indique un comportement alimentaire perturbé ;

— un score inférieur à 10 points indique une alimentation normale.

En ce qui concerne l'indice de sévérité de la boulimie :

— un score de 10 indique une boulimie sévère ;

— un score de 5 indique une boulimie modérée.

Chapitre 3

Quelles sont les causes de la boulimie ?

Comment devient-on boulimique ?

La boulimie : un trouble sélectif

La boulimie affecte préférentiellement certains individus.

Les personnes touchées par la boulimie sont majoritairement des femmes. Il y a dix fois plus de femmes que d'hommes qui souffrent de boulimie. La boulimie apparaît la plupart du temps chez des jeunes femmes, en fin d'adolescence ou au début de l'âge adulte, entre 15 et 20 ans. Elle est rare avant 14 ans.

➤ Les femmes

La boulimie est la conséquence d'une alimentation restrictive et/ou d'émotions négatives mal gérées. Le régime alimentaire fait généralement suite à une insatisfaction corporelle importante tandis que l'affectivité négative s'inscrit souvent dans un contexte plus général de mésestime pour sa personne.

D'une part, les femmes sont plus insatisfaites de leur apparence physique que les hommes. Elles se trouvent généralement trop grosses ou mal proportionnées. D'autre part, elles ont une moins bonne opinion d'elles-mêmes. Elles doutent plus volontiers d'elles.

L'identité féminine — le sentiment d'être une femme — ou la féminité — l'ensemble des caractères propres à la femme — est associée à la beauté. Les petites filles apprennent très tôt qu'une partie importante de leur identité féminine tient à leur attractivité physique. Or, dans nos sociétés occidentales modernes, la beauté féminine est synonyme de minceur et de jeunesse.

Les femmes sont incitées à maigrir à travers les médias mais aussi parfois au contact direct de leurs parents (leurs mères mais aussi leurs pères !) ou de leurs pairs (les camarades de leur âge).

Minceur et jeunesse sont aussi souvent associées dans l'esprit de nos contemporains. Notre société n'est pas seulement « lipophobe » (elle vilipende les gros) mais aussi « gérontophobe » (elle rejette le vieillissement). Pour rester séduisantes ou « jeunes et dans le coup », beaucoup de femmes d'un certain âge (40-50 ans) s'imposent un régime alimentaire.

Pour paraître et se sentir belles, féminines ou jeunes, nombre de femmes surveillent leur ligne et soignent leur corps. Les femmes font davantage de régimes amincissants que les hommes et finalement courent plus de risques de devenir boulimiques ou anorexiques qu'eux.

L'identité féminine se caractérise aussi par l'établissement et le maintien de liens sociaux stables. Plus que les hommes, les femmes définissent leur identité par leur sociabilité et leur amabilité. Par exemple, elles sont plus attentives aux sentiments et au bien-être de leurs proches. Elles sont plus sensibles à l'approbation et au rejet d'autrui. Elles ont tendance à se sentir épanouies dans des relations sociales intimes sereines mais aussi à se culpabiliser ou à se dévaloriser dans des relations interpersonnelles distantes ou conflictuelles.

Avec le secret espoir de maintenir des relations privilégiées avec leur entourage direct, beaucoup de femmes se préoccupent de leur physique et de leur poids. Elles sont par conséquent plus sujettes aux régimes et en fin de compte plus vulnérables à la boulimie.

Par exemple, au décours d'une relation sentimentale chaotique ou après une rupture sentimentale, il est fréquent d'observer un épisode dépressif chez un grand nombre de femmes, puis le début d'un régime restrictif volontaire chez certaines et enfin des crises de boulimie peu de temps après parmi un nombre plus restreint d'entre elles.

À noter

Faire un régime entraînerait des conséquences biologiques différentes chez les hommes et chez les femmes. Chez les femmes, un régime chronique pourrait entraîner certaines modifications neurochimiques cérébrales, qui perturberaient les mécanismes de régulation du comportement alimentaire et favoriseraient les crises de boulimie. En cas de régime, en plus d'une vulnérabilité psychologique et culturelle liée au sexe, il y aurait donc une vulnérabilité biologique liée au sexe, qui prédisposerait les femmes à la boulimie[1].

1. Wilson, G. (2002). « The controversy over dieting », *in* Ch. Fairburn et K. Brownell (eds.), *Eating Disorders and Obesity. A Comprehensive Handbook. Second Edition*. New York : Guilford Press.

➤ Des femmes jeunes

À l'adolescence et au début de l'âge adulte, les jeunes femmes sont confrontées à des changements importants. Ce sont des défis à relever, potentiellement sources de stress. Avec le stress, les risques de boulimie augmentent.

Ces risques semblent d'autant plus élevés que les challenges sont importants, nombreux et rapprochés dans le temps. Ainsi, l'intensité des boulimies est associée à l'intensité du stress de vie. En outre, beaucoup de boulimiques rapportent avoir vécu de nombreux changements de vie les mois qui ont précédé leur boulimie.

Les risques de boulimie pourraient aussi dépendre de l'état de préparation psychologique des jeunes filles. Ces dernières ne se sentent pas toujours préparées à affronter les changements qui leur arrivent, surtout en cas de puberté précoce. Par exemple, une jeune fille qui vit conjointement l'apparition de ses règles et son premier flirt est plus stressée et préoccupée de son corps et de son poids qu'une jeune fille qui vit ces changements de vie séparément. Par ailleurs, les jeunes filles précocement pubères vivent des stress particuliers. Par exemple, une forte insatisfaction corporelle liée à leur prise de poids importante et leur petite taille, des conflits plus importants avec leurs parents, des expériences sexuelles plus précoces...

Quels sont ces changements de vie auxquels les jeunes filles doivent s'adapter à l'adolescence ?

Les transformations physiques de la puberté

Avec la puberté, les jeunes femmes voient leur corps se transformer. Elles grandissent, prennent du poids et attrapent des rondeurs. Ce développement physiologique normal confère temporairement à l'adolescente une apparence massive et inachevée, fort éloignée du corps svelte et équilibré tant idéalisé.

C'est l'âge d'apparition de l'insatisfaction corporelle, du sentiment d'être grosse et « moche », alors que, durant l'enfance, beaucoup de filles redoutent simplement la prise de poids mais ne se sentent pas trop grosses. Cette insatisfaction corporelle perdure tout au long de l'adolescence. Elle se traduit souvent par une propension à faire des régimes à répétition, tant chez les filles en surpoids que chez les filles de poids normal.

Par ailleurs, les changements hormonaux associés à la puberté perturberaient l'humeur des jeunes filles, les rendant plus dépressives et plus irritables. Cette instabilité émotionnelle favoriserait chez elles l'apparition de crises de boulimie.

La formation d'une identité propre

Durant l'adolescence, les jeunes femmes forment leur identité en tant qu'individu différencié. Elles jaugent leur valeur personnelle en se comparant à leurs condisciples et en se référant aux attentes — réelles ou présumées — de leurs parents et de leurs enseignants.

Cette conscience de soi exacerbée peut conduire à de sérieux doutes sur sa personne et sur son physique, en particulier chez les jeunes filles. L'autodévaluation, l'anxiété sociale, le retrait social et la dépression en sont quelques exemples.

Une faible estime de soi constitue un facteur de risque pour la boulimie. Elle peut entraîner un régime pour restaurer l'image de soi négative… au risque de ne pas y arriver lorsque le régime ne tient pas ses promesses de minceur et de bonheur ou s'avère plus difficile que prévu.

En effet, les filles spontanément au régime, qui ont pour la plupart un poids parfaitement normal, ont une plus faible estime de soi que celles qui ne font pas un régime. Les premières courent le risque d'une nouvelle atteinte à leur image de marque en cas d'échec — total ou partiel — du régime, ce qui est souvent le cas. Par ailleurs, les filles au régime qui ont une mauvaise estime de soi semblent présenter plus de risques de boulimie que les filles au régime qui ont une bonne estime de soi.

À retenir

Le régime est un moyen particulièrement inefficace, voire contre-productif, pour rehausser son estime de soi défaillante.

La prise d'autonomie par rapport à la famille

L'entrée dans la vie adulte s'accompagne d'une prise d'autonomie par rapport à son milieu familial. Cette prise d'autonomie implique la capacité à prendre seul des décisions et des responsabilités pour soi et pour autrui, la capacité à s'autogérer et la redéfinition des relations avec sa famille d'origine. Cette émancipation ne se fait pas toujours sans heurts.

Les jeunes filles étant, semble-t-il, plus sensibles à l'ambiance familiale que les jeunes garçons, elles sont plus affectées par les problèmes intrafamiliaux. Elles ressentent les rapports avec leurs parents comme étant plus stressants et souffrent davantage des mésententes au sein du couple parental. Elles sont donc plus vulnérables dans leur prise d'autonomie émotionnelle et relationnelle.

Par ailleurs, la prise d'autonomie est plus difficile chez les personnes qui manquent de stabilité affective et de contrôle de leurs impulsions que chez les personnes plus stables et contrôlées. Les personnes boulimiques étant plutôt instables et impulsives, elles rencontrent des difficultés d'autogestion au moment de s'autonomiser.

Les premières relations sentimentales et sexuelles

L'adolescence marque le début des flirts. Les jeunes filles se soucient alors davantage de leur apparence physique, donc de leur minceur. Ces flirts sont aussi une source importante de stress, surtout s'ils sont vécus comme un indicateur de popularité auprès des garçons et de valeur personnelle. Dans ces deux cas — préoccupations corporelles et stress —, les risques de boulimie sont accrus.

Avec les premiers émois ont lieu les premières expériences sexuelles. Or celles-ci se passent de plus en plus tôt, sans que les adolescentes s'y sentent nécessairement préparées. Il n'est pas rare qu'une jeune fille perde sa virginité plus sous la pression des copains et des copines que par réelle envie. Les parents sont parfois mal à l'aise avec ces questions et évitent le sujet avec leur fille, laissant à celle-ci ses inquiétudes et l'entière responsabilité d'entamer sa vie sexuelle. Le stress lié à la sexualité naissante peut favoriser la restriction alimentaire et, de là, la boulimie ou bien, au contraire, la boulimie peut être un moyen de gérer ce stress.

L'accroissement des exigences scolaires et socioprofessionnelles

Le passage de l'école primaire au collège et au lycée et du lycée à l'enseignement supérieur est une épreuve pour beaucoup de jeunes. En effet, les exigences scolaires sont accrues. Les jeunes sont plus livrés à eux-mêmes. Ils doivent faire davantage de choix personnels et prendre plus de responsabilités en matière d'orientation professionnelle, quitte à se tromper. Ils doivent aussi établir de nouveaux contacts sociaux, dans des environnements plus larges, plus impersonnels et moins sécurisants.

Ces périodes de transition sont marquées par une perte de confiance en soi, une baisse de performance et un désinvestissement des activités extrascolaires au profit des études.

➤ Les femmes occidentalisées

Les troubles des conduites alimentaires touchent surtout les femmes vivant dans les pays développés et industrialisés. Ces pays véhiculent le stéréotype socioculturel de la minceur comme garant de la beauté, de la jeunesse, de la santé, de la maîtrise de soi et de la réussite sociale. Il est intéressant de noter que les jeunes filles issues de pays peu occidentalisés (Arabes ou Grecques par exemple), une fois installées dans des pays plus occidentalisés (l'Angleterre ou l'Allemagne, par exemple), présentent des taux supérieurs d'anorexie et de boulimie dans leur nouveau pays d'accueil que dans leur pays d'origine !

Par contre, le milieu socio-économique ou socioculturel de la personne n'entre pas en ligne de compte, même si dans certains pays occidentaux où les soins de santé sont plus accessibles aux gens aisés on observe plus de boulimiques issues de milieux socio-économiques favorisés.

➤ Les professionnelles du sport et de la mode

Certains milieux sportifs ou professionnels ont des standards de minceur ou de poids particulièrement sévères. Par exemple, les gymnastes ou les danseuses présentent un taux d'insatisfaction corporelle, de restriction alimentaire et de troubles des conduites alimentaires (anorexie et boulimie) supérieur à la normale. Il en va de même des mannequins. Il est difficile de savoir si c'est le milieu qui induit des préoccupations corporelles importantes ou si les personnes qui en souffrent se tournent spontanément vers ces milieux.

Plus ces milieux sont compétitifs, plus les préoccupations corporelles et le contrôle alimentaire sont importants, surtout chez les femmes. Par contre, chez les jeunes adultes, une activité sportive pratiquée pour le plaisir, sans compétition et sans exigences pondérales ou corporelles particulières, est une source importante de bien-être et de valorisation de soi. La pratique sportive est même considérée comme un facteur de protection contre les troubles alimentaires dans la mesure où elle renforce la confiance en soi !

LA BOULIMIE AU MASCULIN

La boulimie toucherait un homme pour dix femmes. Un homme boulimique sur deux a présenté une obésité durant son enfance ou au début de son adolescence. La boulimie masculine ressemble beaucoup à la boulimie féminine par l'âge de son début et par sa présentation générale — des crises de boulimie, une insatisfaction corporelle et des stratégies inadaptées de contrôle du poids et de la silhouette.

Chez les hommes, les crises de boulimie peuvent être gargantuesques et avoir lieu en public. Par rapport aux femmes, les hommes boulimiques semblent moins embarrassés de leurs crises et moins préoccupés par les fluctuations importantes de leur poids.

Ces hommes pratiquent plus de sport que les femmes, moins pour perdre du poids que pour se faire des muscles (pectoraux et abdominaux, surtout). Ils abusent parfois d'anabolisants pour se muscler.

Certains hommes surveillent leur alimentation et leur poids de peur de développer une maladie liée à une mauvaise alimentation et à un surpoids (cancers, maladies cardio-vasculaires, diabète...).

Les hommes boulimiques sont souvent déprimés et socialement mal adaptés. Ils abusent également d'alcool ou d'autres drogues. Ils consultent très rarement pour boulimie alors que leur détresse psychologique est grande.

Les facteurs de prédisposition

Les facteurs de prédisposition sont des facteurs de vulnérabilité qui augmentent les risques de développer une affection. Dans la boulimie, ils sont d'ordre biologique, socioculturel et psychologique au sens large. Ces facteurs se combinent entre eux.

➤ Les facteurs biologiques

Un surpoids

Dans leur passé, beaucoup de personnes boulimiques ont souffert d'un surpoids plus ou moins important, tout comme leurs parents. Ces personnes ont entrepris un régime, ont perdu du poids et ont ensuite commencé à présenter des crises de boulimie qui se sont répétées.

La puberté

On a vu que la puberté peut être une source de grande insatisfaction corporelle.

Chez la jeune fille, une puberté précoce est un facteur de stress non négligeable, surtout lorsqu'elle coïncide avec d'autres stresseurs comme les premiers rendez-vous avec des garçons ou une augmentation de la charge scolaire.

La neurophysiologie

Chez les femmes au régime et les femmes boulimiques, une alimentation restrictive pourrait perturber le système de la sérotonine, un neurotransmetteur cérébral impliqué dans la régulation biologique de l'alimentation, et les prédisposer ainsi à des crises de boulimie. Ce dysfonctionnement neurochimique pourrait aussi être associé à des troubles de l'humeur, rendant les femmes plus vulnérables à la boulimie[2].

Par ailleurs, des mécanismes de conditionnement créeraient chez les personnes qui se privent d'aliments agréables riches en sucre et en graisse une attirance pour ces mêmes aliments « interdits » et les fragiliseraient pour la boulimie[3].

---

2. Ferguson, C. et Pigott, T. (2000). « Anorexia and bulimia nervosa : neurobiology and pharmacotherapy ». *Behavior Therapy*, 31, 237-263.

3. Fairburn, Ch. et Wilson, G. (1993). *Binge Eating. Nature, Assessment and Treatment*. New York : Guilford Press.

➤ Les facteurs socioculturels

Ils sont liés, on l'a vu, à l'idéalisation de la minceur dans notre société qui entraîne une pratique envahissante des régimes.

LES MÉDIAS CONTRIBUENT-ILS AU DÉVELOPPEMENT DE LA BOULIMIE ?

Les jeunes femmes sont très réceptives aux messages des médias qui vantent les vertus de la minceur et présentent les moyens de la préserver. Une émission TV ou une revue montrant des modèles féminins sveltes suffit à créer chez certaines des sentiments dépressifs et de la honte. Elle accentue leur insatisfaction corporelle. Les personnes les plus exposées à ces risques seraient les jeunes filles déjà insatisfaites de leur physique et qui manquent de soutien social.

Les médias diffusent dans le monde entier l'idéal occidental de minceur et avec lui ses conséquences désastreuses. Par exemple, aux îles Fidji, l'introduction de programmes de télévision occidentaux coïncide avec une augmentation de l'insatisfaction corporelle et des troubles des conduites alimentaires dans la population locale préalablement insensible à ce standard culturel de beauté et de santé[4].

Prétendre que les médias sont à eux seuls responsables de la recrudescence de la boulimie serait excessif. Tout au plus, amplifient-ils l'insatisfaction corporelle de certaines jeunes femmes fragilisées. En ce sens, ils interviennent en petite partie dans le développement de la boulimie. L'influence et le modèle de membres de la famille ou des pairs pourraient être tout aussi voire même plus déterminants dans la quête de minceur par le contrôle alimentaire et le contrôle du corps.

---

4. Becker, A. *et al.* (2002). « Eating behaviours and attitudes following prolonged exposure to television among ethnic Fijian adolescents girls ». *British Journal of Psychiatry*, 180, 509-514.

Les standards de notre apparence physique sont dictés par notre culture. Nous vivons dans une société où la minceur est érigée en vertu, en qualité et la grosseur en tare, en défaut. Qui s'étonne encore que nous désirions perdre du poids et que nous vivions dans la hantise de grossir ? Cette « idolâtrisation » de la minceur est responsable d'une insatisfaction corporelle généralisée parmi les femmes.

Les médias, nos parents et les personnes de notre âge que nous côtoyons tous les jours, à l'école, au travail ou dans nos activités de loisir jouent un rôle de premier plan dans la transmission des valeurs sociales. Ce sont nos principaux agents de socialisation. Leurs attitudes et comportements en matière de beauté, de santé et d'alimentation influencent en grande partie les nôtres. Ces « références » véhiculent parfois sans s'en apercevoir le mythe du bonheur dans la minceur.

Les boulimiques ressentent fortement la pression ambiante à maigrir, de la part de leurs parents, de leurs copines et des médias. Elles imitent facilement leur mère, une copine ou un modèle féminin qui fait un régime, pratique de l'exercice physique ou se fait vomir. Chez beaucoup de femmes, l'insatisfaction corporelle et les comportements boulimiques ont suivi une pression externe à perdre du poids.

➤ Les facteurs psychologiques

L'insatisfaction corporelle

Cette insatisfaction est associée à un état de mal-être subjectif prononcé, à des sentiments négatifs persistants (tristesse, honte, dégoût...). Elle favorise les régimes alimentaires et l'exercice physique soutenu. En fin de compte, cette détresse psychologique et ce contrôle alimentaire ou corporel strict augmentent les risques de boulimie.

Les personnes les plus vulnérables sont déjà insatisfaites de leur apparence physique ou de leur poids et peu entourées socialement. Elles sont aussi plus susceptibles de reprendre à leur compte la « quête frénétique de minceur » que notre société poursuit.

Les régimes alimentaires

Les régimes favorisent l'apparition de crises de boulimie. Beaucoup de boulimiques ont vu leur boulimie apparaître suite à un régime. *A contrario*, des épisodes répétés de suralimentation favorisent la tendance à vouloir restreindre son alimentation. Quelques boulimiques ont entamé un régime après l'apparition de leur boulimie.

Plus on observe dans une culture ou dans un sous-groupe culturel une tendance à faire des régimes et à vouloir perdre du poids, plus on y trouve de comportements alimentaires perturbés. C'est ainsi que les risques d'anorexie mentale et de boulimie sont accrus dans la culture occidentale et dans certaines professions comme les danseuses ou dans certaines communautés comme les homosexuels.

Par exemple, des adolescentes au régime courent entre 8 et 18 fois plus de risques de développer un trouble des conduites alimentaires six mois à un an après le début de leur régime que les adolescentes qui ne se sont pas engagées dans un régime. Des régimes peu importants augmentent déjà sensiblement les risques de troubles alimentaires !

Si la restriction alimentaire chronique augmente les risques de boulimie, elle est loin d'être une cause simple et directe de la boulimie. Certains individus parviennent à maigrir sans présenter de crises de boulimie ! Un grand nombre de femmes sont au régime alors que seulement 1 à 2 % des femmes sont boulimiques !

Néanmoins, le régime constitue un facteur de risque très important. Plus les comportements alimentaires sont perturbés, plus les risques de développer un trouble alimentaire sont élevés.

La restriction alimentaire chronique est considérée par beaucoup comme une condition nécessaire, quoiqu'insuffisante, de la boulimie. Elle interagit avec d'autres facteurs pour aboutir à la boulimie chez certaines personnes.

Les émotions négatives

Des émotions négatives comme la peur, la culpabilité, la honte, l'ennui... augmentent les risques de boulimie. Plus généralement, une « affectivité négative », c'est-à-dire une tendance à l'émotivité négative, constitue un facteur de risque.

Les crises de boulimie et les comportements de purge sont des moyens de soulager temporairement les émotions négatives. Au cours des crises et des purges, les boulimiques « oublient » leur mal-être. Les crises et purges servent ainsi de « calmants » ou d'« antidépresseurs ». Ce sont des sources de réconfort, dérisoires certes mais efficaces et facilement disponibles en cas de détresse.

Les séquelles de traumatismes de l'enfance ou de l'adolescence

Un grand nombre de personnes boulimiques ont subi des abus sexuels au cours de leur enfance ou de leur adolescence. D'autres rapportent avoir manqué d'affection de la part de leurs parents ou avoir vécu dans un environnement peu prévisible et contrôlable (mère fort déprimée, père alcoolique violent, frère colérique...).

De tels événements de vie traumatisants augmentent les risques de développer des troubles émotionnels et comportementaux au cours de la vie. Néanmoins, ces « facteurs de stress » ne constituent pas des facteurs de risque spécifiques de la boulimie.

La personnalité

Le perfectionnisme, l'impulsivité et une faible estime de soi sont des dimensions individuelles plus ou moins stables, voire des « traits de personnalité », qui sont souvent évoqués comme des facteurs de risque pour la boulimie. Toutefois, plusieurs chercheurs doutent de leur contribution réelle dans le développement de la boulimie.

Le *perfectionnisme* désigne la tendance à vouloir toujours se dépasser. Il pourrait être associé à la grande insatisfaction corporelle des boulimiques et à leur régime alimentaire strict. Les boulimiques seraient d'autant plus insatisfaites de leur physique et de leur poids qu'elles auraient des standards de beauté et de minceur élevés ! Elles seraient d'autant plus acharnées à faire un régime qu'elles seraient insatisfaites de leur corps et exigeantes avec elles-mêmes ! Ce perfectionnisme rendrait insupportable le moindre écart par rapport au régime strict et pourrait ainsi concourir au laisser-aller dans la crise de boulimie et aux purges sévères pour tenter désespérément de reprendre le contrôle de soi.

L'*impulsivité* désigne une difficulté à s'autocontrôler. Elle se traduit par exemple par la difficulté à limiter sa consommation d'alcool ou à gérer sa colère. Cette difficulté à canaliser ses impulsions, notamment à manger, participerait à la suralimentation typique de la crise de boulimie. Les personnes impulsives fonctionnent en « tout ou rien » ; elles sont excessives. Par conséquent, elles ont tendance à interpréter la moindre faille à leur alimentation restrictive comme un échec et à abandonner aussitôt leur contrôle alimentaire. De même, elles se purgent au moindre risque de prise de poids.

Une *faible estime de soi*, c'est-à-dire une attitude négative vis-à-vis de soi, s'observe couramment chez les boulimiques. Elle accompagne leur humeur dépressive. Elle est étroitement liée à leur insatisfaction corporelle. La personne boulimique déteste son corps comme elle déteste sa personne. Elle se reproche autant sa « laideur » que sa « faiblesse de caractère ». Pour elle, les boulimies et les purges sont la preuve qu'elle ne vaut rien ! Cette image négative de soi fragilise psychologiquement la personne. En combinaison avec d'autres facteurs de risque, elle pourrait augmenter les risques de devenir boulimique.

QUELQUES THÉORIES DU DÉVELOPPEMENT DE LA BOULIMIE

Plusieurs théories expliquent comment une personne risque de devenir boulimique. Elles intègrent l'un ou l'autre facteur présumé de risque de la boulimie. Ces explications théoriques de laboratoire correspondent bien aux observations cliniques sur le terrain. Par ailleurs, elles présentent un grand intérêt pour l'élaboration de programmes de prévention de la boulimie et pour l'amélioration des thérapies de la boulimie déjà existantes. Néanmoins, aucune de ces théories n'a pu encore faire la preuve suffisante de sa validité scientifique ou n'explique complètement la boulimie.

Par exemple, Eric Stice de l'Université Standford aux États-Unis postule que la boulimie s'expliquerait par les effets combinés d'un régime et d'affects négatifs. Cette restriction alimentaire volontaire et cette affectivité négative résulteraient elles-mêmes d'une forte insatisfaction corporelle. Cette expérience corporelle négative serait consécutive à la pression sociale à la minceur et à l'internalisation de l'idéal de minceur, en grande partie via l'influence de la famille et des pairs.

Une théorie du développement de la boulimie
(Stice, 2001)

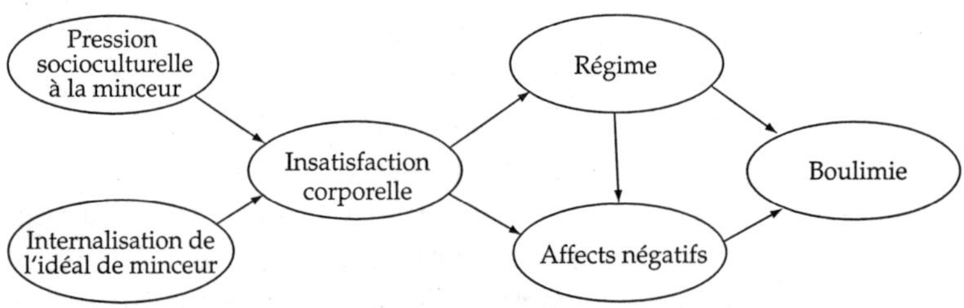

Pour sa part, Anna Bardone et ses collaborateurs de l'Université de Wisconsin-Madison aux États-Unis soutiennent que la boulimie est le résultat de trois facteurs en interaction : perfectionnisme, faible estime de soi et insatisfaction corporelle. Ce sont donc les femmes qui se considèrent grosses, sont très perfectionnistes et peu sûres d'elles qui courraient le plus de risques de développer des symptômes de boulimie.

Comment reste-t-on boulimique ?

Une fois la boulimie apparue, elle va perdurer ou disparaître. Plusieurs facteurs négatifs perpétuent le cycle infernal des boulimies et des purges. Ils augmentent les risques que la boulimie devienne un véritable trouble chronique, un piège dont il sera bien difficile de se dégager. Les « facteurs de déclenchement et de maintien » de la boulimie sont en grande partie les mêmes que ses « facteurs de prédisposition ».

Christopher Fairburn, professeur de psychiatrie et chercheur à l'université d'Oxford, propose une théorie explicative du maintien de la boulimie. Il répond à la question fondamentale : « Qu'est-ce qui provoque les crises de boulimie et les perpétue ? » Cette théorie sert de référence pour le traitement psychologique de la boulimie. En voici l'explication.

La restriction alimentaire continue

Les boulimiques adoptent des règles diététiques trop strictes, qui s'avèrent intenables à moyen terme. Plutôt que se fixer des principes alimentaires généraux, elles définissent trop précisément ce qu'elles peuvent et ne peuvent pas manger, en quelle quantité, quand et comment. Tout manquement à ces règles donne lieu à un sentiment de laisser-aller et risque de déboucher sur une perte effective de contrôle alimentaire, c'est-à-dire sur une crise de boulimie objective.

Par ailleurs, l'état de déprivation physiologique induit par le régime augmente les risques d'apparition de crises de boulimie. Cet état ne se traduit pas nécessairement par des sensations conscientes de faim. En effet, les boulimiques ne perçoivent plus distinctement ni les sensations de faim ni les sensations de rassasiement. Néanmoins, elles sont « appelées » par les aliments lorsque leur organisme est sous-alimenté. Contre leur volonté, leur corps dénutri les fragilise pour des épisodes de fringale. Ces derniers rétablissent le bilan négatif entre leurs apports nutritionnels insuffisants et leurs dépenses énergétiques excessives.

Les affects négatifs

Des sentiments et des émotions désagréables comme l'ennui, la solitude, la peur, la frustration, la colère déclenchent des crises de boulimie. Plus de la moitié des boulimies seraient une réaction à ce type d'émotions négatives.

Les boulimies engendrent en retour des réactions émotionnelles pénibles comme de l'anxiété, de la honte, de la culpabilité ou de la tristesse. Elles sont vécues comme des signes de faiblesse, comme un manque d'autocontrôle. Elles se passent généralement dans la plus grande solitude. De ce fait, elles isolent la personne et favorisent les ruminations mentales et les affects négatifs, en particulier les sentiments de solitude et de désespoir. Cet isolement douloureux est lui-même propice au déclenchement des boulimies.

Toutes ces émotions négatives entretiennent l'état de mal-être permanent de la personne boulimique et activent la piètre image que les boulimiques ont d'elles-mêmes.

Des problèmes interpersonnels comme des conflits de couple, une mésentente familiale ou une mauvaise ambiance de travail causent souvent des affects négatifs. De ce fait, ils déclenchent eux aussi des crises de boulimie chez les personnes à risque.

Les crises de boulimie

Les boulimies calment la faim et procurent — dans un premier temps — le plaisir de manger des aliments goûteux. La réduction de la faim et le plaisir de manger perpétuent l'envie de manger et poussent à la suralimentation.

Les boulimies soulagent aussi temporairement le mal-être. En effet, pendant la crise de boulimie, la personne est complètement absorbée, presque en « état second » ou dans un état de dissociation d'avec la réalité. Elle « fait corps avec la nourriture », elle « est » la nourriture. Toute son attention est focalisée sur son alimentation. Les boulimies deviennent ainsi un moyen habituel de gérer les émotions négatives, par la distraction et l'oubli. Par exemple, une boulimie peut amoindrir la conscience douloureuse de se sentir seule et abandonnée.

La solitude et le temps que les boulimies prennent peuvent aussi protéger la boulimique contre l'extérieur. Non seulement la boulimie isole, mais elle peut aussi maintenir à distance certaines personnes avec lesquelles la boulimique rencontre des problèmes interpersonnels.

Les boulimies engendrent aussi un désir pressant de compenser les crises, par de la restriction alimentaire ou des vomissements par exemple. En favorisant les purges, les boulimies s'autoperpétuent comme nous allons le voir ci-après.

Enfin, les boulimies entretiennent indirectement les préoccupations corporelles. Elles accroissent l'insatisfaction corporelle et la peur de grossir. De plus, elles altèrent l'estime de soi.

Les comportements de purge

Les comportements de purge — les vomissements autoprovoqués, les abus de laxatifs ou de diurétiques — sont de puissants facteurs de maintien de la boulimie. Les purges renforcent les risques de crises de boulimie.

• Premièrement, ces comportements compensatoires constituent des « portes de secours » qui facilitent, voire autorisent indirectement les boulimies. Par exemple, en vomissant après la crise de boulimie, la personne se soulage physiquement et psychologiquement. Grâce au vomissement, elle a moins mal au ventre et a moins honte de s'être empiffrée. Elle croit aussi — à tort — qu'elle peut manger à outrance sans courir trop de risques de grossir. Par conséquent, le vomissement « permet » la crise, en soustrayant la personne aux conséquences aversives de la crise : la douleur physique, la honte d'avoir craqué et la peur de grossir.

• Deuxièmement, pour parvenir à vomir plus aisément, certaines personnes doivent littéralement se bourrer de nourriture, au point d'être nauséeuses. Dans ce cas, c'est la perspective de vomir qui les pousse à se livrer à une crise de boulimie gigantesque.

• Troisièmement, en régurgitant les aliments, les personnes qui vomissent rapidement après avoir mangé réduisent leurs apports nutritionnels. Elles créent ainsi un état de dénutrition, ce qui augmente les risques de crises de boulimie.

• Enfin, les purges, comme les crises de boulimie, engendrent des sentiments négatifs. La personne qui se fait vomir a le plus souvent honte d'elle. Des comportements de purge répétés sapent l'estime de soi déjà précaire des boulimiques. Se sentant « mal d'avoir vomi », la personne se trouve ainsi enfermée dans la logique infernale de la boulimie.

Les préoccupations corporelles

Les personnes boulimiques sont très insatisfaites de leur apparence physique et/ou de leur poids. Elles sont en permanence préoccupées par leur poids, leur silhouette et leur alimentation. Cette peur de grossir les conduit à se surveiller très attentivement. Elle est responsable de leur contrôle alimentaire strict et d'autres mesures de contrôle de leur apparence comme des pesées compulsives, du sport frénétique ou encore le port de « vêtements cachant leurs imperfections physiques ».

Ces préoccupations sont aiguisées par les épisodes de boulimie, qui les amènent à vouloir reprendre le contrôle de leur alimentation par des efforts réitérés de restriction alimentaire.

Une estime de soi régie essentiellement par l'apparence physique est au centre du trouble boulimique. La personne ne s'octroie de valeur personnelle que si elle exhibe un corps svelte et ferme. Elle recherche sans relâche la minceur. Sans un corps de top-modèle, point de salut ni de répit pour elle. Cette obnubilation corporelle constitue le moteur principal de la boulimie. Elle entraîne un contrôle excessif de son physique, de son poids et de son alimentation… et, par là même, des pertes de contrôle.

Une évaluation négative de soi

Les personnes boulimiques souffrent généralement d'un sérieux manque d'estime de soi. Cette tendance à la dévalorisation de soi est renforcée par les crises de boulimie incoercibles et par les purges autoprovoquées.

Cette image de soi négative est associée à une dépréciation de son corps et exacerbe l'autocontrôle corporel et alimentaire. En effet, non seulement le contrôle de soi et de son corps est valorisé dans notre société mais en plus le contrôle de son poids est un moyen assez aisé de se contrôler et d'apprécier sa valeur propre. « Dis-moi combien tu pèses, je te dirai ce que tu vaux » ou « Je vaux ce que je pèse. Moins je pèse, plus j'ai de valeur »…

Le perfectionnisme et la pensée en « tout ou rien »

Le perfectionnisme et la pensée en noir ou blanc amènent les boulimiques à entreprendre un régime drastique intenable et à interpréter le moindre écart par rapport à leur régime comme un échec cinglant, un désaveu de leur personne. Cet extrémisme participe ainsi au processus boulimique.

La théorie cognitivo-comportementale du maintien de la boulimie
(Fairburn, 1997)

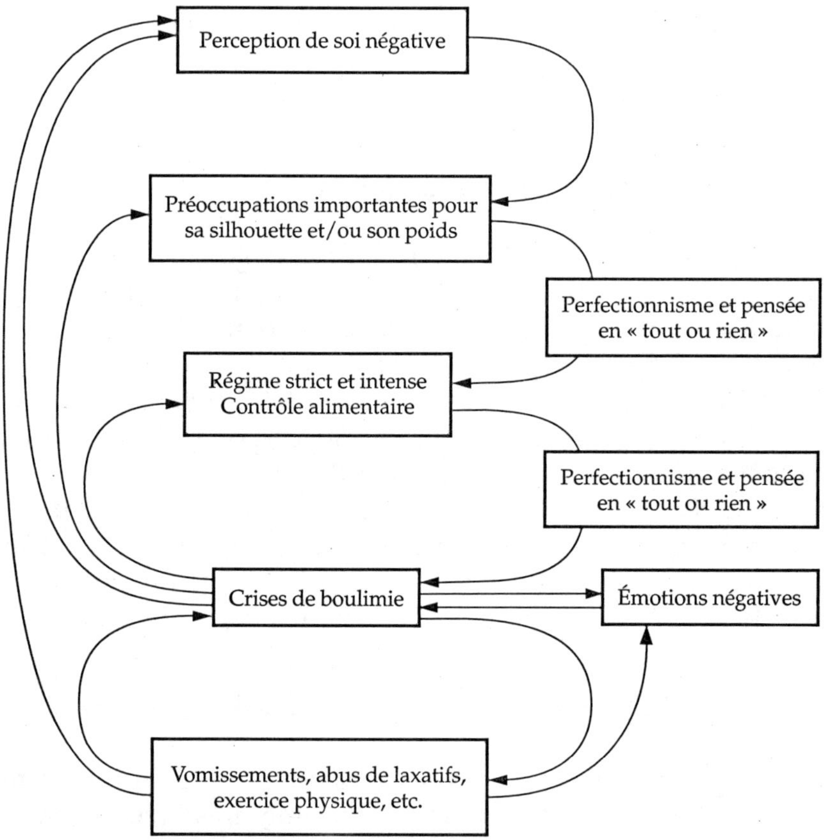

Chapitre 4

Quelles sont les conséquences de la boulimie ?

Nous avons vu dans les chapitres précédents que la boulimie se caractérise par des crises de boulimie, une restriction alimentaire et des comportements compensatoires comme des purges ou une hyperactivité physique. Ces différents comportements peuvent avoir des conséquences néfastes pour l'organisme.

Le régime alimentaire strict et les purges

La personne boulimique a tendance à faire un régime en permanence. Or la restriction alimentaire volontaire entraîne des conséquences diverses sur la santé et le bien-être psychologique. Plus un régime est sévère et prolongé, plus il s'avère néfaste. Ses conséquences négatives sont physiques, psychobiologiques et psychosociales. Passons-les en revue.

Les conséquences physiques

Les régimes stricts continus sont responsables d'effets physiques plus ou moins dangereux pour l'organisme. Ces effets sont pour la plupart transitoires. Ils disparaissent progressivement à l'arrêt du régime, quand un poids normal est restauré. Ils traduisent essentiellement un ralentissement des processus physiologiques en réponse à la limitation des apports énergétiques disponibles : une diminution de la température corporelle, des pulsations cardiaques, du rythme respiratoire et plus généralement du métabolisme de base, c'est-à-dire de l'énergie consommée au repos par l'organisme pour maintenir son fonctionnement normal.

• Le problème le plus redouté par les personnes souffrant de boulimie est la crise de boulimie elle-même. Or celle-ci est une conséquence de la restriction alimentaire et de la dénutrition. Elle survient souvent soit pendant le repas soit dans sa prolongation. Dès que la personne au régime commence à manger, elle perd le contrôle de son alimentation et ingurgite les aliments. Paniquée à l'idée d'une prise de poids incontrôlable, elle se fait vomir, ce qui maintient en partie son état de dénutrition. Un cercle vicieux s'installe alors.

• Les fortes boulimies entraînent des douleurs à l'estomac, avec impression de manquer d'air par compression de l'abdomen. Dans de rares cas, il y a rupture de l'estomac, ce qui constitue une urgence médicale.

• Lorsqu'une personne se fait vomir régulièrement, le métabolisme du potassium — un électrolyte qui se trouve dans toutes les cellules et dans le sang — est perturbé. Si les vomissements sont importants, un déficit en potassium sanguin, appelé « hypokaliémie », s'installe. Or ce taux sanguin doit rester stable au risque de présenter des troubles du rythme cardiaque, voire un arrêt cardiaque car le potassium permet la contraction musculaire, notamment celle du muscle cardiaque.

L'abus de laxatifs ou de diurétiques aggrave ces problèmes. Un taux sanguin bas et continu de potassium altère également les reins. Une insuffisance rénale peut se développer après plusieurs années. Une dialyse rénale peut alors être nécessaire jusqu'à la fin de la vie. Un manque de potassium entraîne aussi de la faiblesse musculaire, de la fatigue, de la constipation et même une humeur dépressive. Parfois des crises de tétanie, voire des crises d'épilepsie, surviennent. L'abus d'eau (« potomanie ») peut aussi conduire à des crises épileptiques.

• Les vomissements répétés sont aussi responsables d'une érosion irréversible de l'émail dentaire — avec un risque accru de caries, de cassures dentaires, de déchaussement des dents et de saignements des gencives —, d'un gonflement des glandes salivaires — qui donne au bas du visage un aspect bouffi et disparaît à l'arrêt des vomissements —, d'une irritation de la gorge et d'une lésion de l'œsophage — avec risques d'inflammation et parfois des reflux gastriques.

• L'abus de laxatifs entraîne de la déshydratation, de la constipation opiniâtre, un manque de sodium — avec risques de convulsions et d'insuffisance rénale — et parfois une lésion de la paroi de l'intestin. Il conduit à une dépendance psychologique et à une accoutumance, c'est-à-dire qu'avec le temps il faut augmenter les doses de laxatifs pour obtenir le même effet. À l'arrêt des laxatifs, constipation et rétention d'eau, avec reprise de poids, surviennent.

• L'abus de diurétiques entraîne aussi une déshydratation. Il fait croire à la personne qu'elle a perdu du poids alors qu'elle n'a perdu que des fluides de façon transitoire. À l'arrêt des diurétiques, des œdèmes au visage ou aux pieds apparaissent. Les diurétiques risquent d'endommager les reins et perturbent l'équilibre électrolytique de l'organisme, avec des risques de troubles physiques plus ou moins graves (potassium sanguin bas, insuffisance rénale).

• L'abus de coupe-faim est responsable d'agitation et de dépression. Les personnes qui abusent d'amphétamines sont

« speedées » et irritables. Dans des cas extrêmes, elles semblent avoir changé de personnalité.

• Quoique assez rare, une complication possible de la boulimie est l'« ostéoporose », c'est-à-dire la diminution de la densité des os, avec le risque de leur fragilisation. L'ostéoporose peut conduire à des fractures vertébrales douloureuses, suite à des microtraumatismes. Des traumatismes plus importants peuvent également favoriser les fractures des membres ou des côtes, par exemple après une chute banale. L'ostéoporose se manifeste au bout de deux ans d'un amaigrissement extrême. Elle est plus marquée en cas de maladie longue et d'un sous-poids important comme dans l'anorexie mentale. Elle est réversible pendant l'adolescence en cas d'une reprise de poids mais ne l'est plus à l'âge adulte.

• Le régime et la perte de poids diminuent la fertilité. Cet effet est réversible avec la restauration d'une alimentation équilibrée et la reprise d'un poids normal. La grossesse n'est pas perturbée par les crises de boulimie mais bien par le régime excessif, les vomissements, l'abus de laxatifs et de diurétiques. Les femmes qui restreignent trop leur alimentation durant leur grossesse mettent au monde des enfants en sous-poids à la naissance. Les femmes boulimiques courraient plus de risques de faire une fausse couche. Une boulimique sur deux présente des troubles menstruels.

• La dénutrition entraîne aussi des troubles gastro-intestinaux (crampes à l'estomac, constipation, diarrhée, flatulences). La personne dénutrie éprouve des sensations de ballonnement après avoir mangé, même une quantité minime, car l'estomac se vide plus lentement et le bol alimentaire peut rester plus de six heures dans l'estomac. Une impression de lourdeur, parfois une douleur abdominale, accentue le refus de manger. Ces sensations ne sont pas psychologiques mais bien la conséquence d'une diminution de la force de l'estomac et des intestins pour transporter le bol alimentaire. La constipation, souvent traitée par un abus de laxatifs, en est la manifestation. La prise de laxatifs ne peut en rien aider. Au contraire, elle risque d'aggraver la constipation, rendant le transit intestinal dépendant de leur prise.

• La dénutrition entraîne aussi des dysfonctions cardiaques chez de nombreuses personnes en sous-poids par une diminution de la masse musculaire du cœur. Un ralentissement du rythme cardiaque (ou son accélération), des pulsations cardiaques irrégulières, de l'hypotension (vertiges) sont fréquents. Les personnes avec un poids bas ou un déséquilibre en potassium présentent des troubles du rythme cardiaque et risquent un arrêt cardiaque.

• Pour se faire vomir, certaines personnes se mettent les doigts au fond de la gorge. Cela explique les lésions cutanées au niveau des articulations de la face supérieure de la main servant aux vomissements.

Les conséquences psychobiologiques

Un régime intensif est aussi susceptible d'occasionner diverses modifications psychobiologiques.

L'effet d'une restriction alimentaire sévère sur les réactions des individus a été étudié chez des jeunes hommes ayant participé comme volontaires à une expérience de dénutrition à l'Université du Minnesota aux États-Unis en 1950[1]. Pendant six mois, une trentaine de jeunes gens, tous parfaitement sains de corps et d'esprit, ont mangé la moitié de leur ration alimentaire journalière habituelle. Ils ont perdu ainsi en moyenne un quart de leur poids initial. Après ces 6 mois de restriction, ils ont été nourris à nouveau normalement pendant 3 mois. Ils ont continué à être suivis plusieurs mois après l'expérience pour

---

1. Keys, A. *et al.* (1950). *The Biology of Human Starvation* (2 vol.). Minneapolis : University of Minnesota Press.

connaître leur évolution physique et psychologique. Les résultats de cette expérience de « régime imposé » chez des personnes non anorexiques sont pour la plupart transposables à des personnes boulimiques en sous-poids du fait d'un régime extrême, de purges importantes ou d'une hyperactivité physique. Voici les comportements décrits lors de cette étude.

➤ Des changements comportementaux

Les volontaires se mettent à jouer avec leur nourriture. Ils mélangent les aliments, les coupent en petits morceaux, lèchent leur assiette, font durer les repas et gardent le silence en mangeant. Ils abusent d'épices, de café ou de thé et mâchent des chewing-gums à longueur de journée. Ils discutent ensemble de nourriture, lisent et échangent des recettes de cuisine. Ils collectionnent des recettes et même des ustensiles de cuisine. Certains se mettent à collectionner et à amasser des objets hétéroclites comme de vieux vêtements dont ils n'ont aucun usage, sans raison apparente. Il leur arrive de chaparder de la nourriture et de fouiller les poubelles des cuisines à la recherche de nourriture. Ils prennent plaisir à regarder les gens manger ou à sentir les odeurs de cuisine. Certains perdent le contrôle de leur alimentation et se goinfrent. Ces « crises de boulimie », accompagnées de sensations de faim après des repas normaux, perdurent chez certains d'entre eux encore plusieurs mois après l'arrêt de la dénutrition forcée. Certains limitent leur activité physique du fait de leur fatigue et de leur faiblesse, d'autres font plus d'exercice physique qu'à l'accoutumée, dans l'espoir d'obtenir de la nourriture ou parce qu'ils ne peuvent s'en empêcher. Ils s'isolent, perdent leur humour et leur joie de vivre et sont sexuellement inactifs. Suivant les termes d'un des jeunes hommes, ils sont « aussi intéressés par le sexe que des huîtres malades ».

➤ Des changements mentaux

Parallèlement au désintérêt progressif pour les activités quotidiennes habituelles et pour le sexe, des pensées obsédantes autour de la nourriture envahissent sans relâche leur esprit. Ces préoccupations alimentaires constantes perturbent leur fonctionnement mental. Ce type d'effet pervers de la dénutrition a aussi été démontré dans des expériences de laboratoire, auprès de personnes soit chroniquement au régime, soit dénutries pendant quelques heures.

Par exemple, un régime continu perturbe la concentration de l'individu, lors de l'exécution d'épreuves mentales complexes où plusieurs informations à traiter entrent en compétition. Le régime interfère aussi avec les capacités d'attention du sujet. Ainsi, il ralentit le traitement d'informations non associées au régime lorsque des informations relatives au régime sont présentées simultanément ; ces dernières sont traitées en priorité, au détriment des autres informations, apparemment moins pertinentes pour l'individu. En outre, le régime biaise la mémorisation dans le sens des préoccupations de l'individu au régime. Ainsi, ce dernier se souvient-il plus aisément d'informations relatives à la nourriture et au poids que d'autres types d'informations non associées au régime. Enfin, les personnes au régime catégorisent les aliments autrement que les personnes qui ne font pas régime. Elles catégorisent les aliments en deux classes complémentaires extrêmes : les aliments « bons — diététiques — non caloriques — permis » et les aliments « mauvais — non diététiques — caloriques — interdits ». Elles diabolisent ainsi un nombre considérable d'aliments qui ont une grande importance nutritionnelle, comme les féculents par exemple.

Une perception erronée des dimensions du corps apparaît aussi en cas de régime chronique intense, avec une perte de poids importante. Ces troubles de l'image du corps ou perturbations de l'expérience corporelle consistent le plus souvent en une tendance à surévaluer la dimension de certaines parties de son corps, voire de son corps en entier. La personne amaigrie se perçoit plus grosse qu'elle n'est en réalité. Ce type de distorsion perceptive est associé à une forte insatisfaction corporelle, qui pousse la personne à intensifier son régime. Plus la personne perd du poids, plus elle se voit et surtout se sent grosse et plus elle est incitée à faire un régime.

Toutes ces perturbations mentales sont transitoires. Elles durent le temps du régime. Elles disparaissent avec l'arrêt de la diète.

➤ Des changements émotionnels

Les régimes intensifs ont des répercussions sur les réactions émotionnelles des individus. Ils rendent les réactions émotionnelles plus vives — tant face à des événements négatifs que positifs — et plus versatiles. Ils peuvent déclencher des périodes d'exaltation, rapidement suivies d'abattement. Ils induisent aussi de l'irritabilité et favorisent des réactions de colère. Ils provoquent des réactions de stress et de l'anxiété ; ils fragilisent l'individu en cas d'incertitudes. Certains sujets au régime se mettent à fumer davantage ou à se ronger les ongles. Les régimes stricts sont aussi une source de dépression non négligeable. Ils sont associés à une faible estime de soi, à des doutes personnels, à des hésitations ainsi qu'à des pensées négatives irrationnelles. Ils rendent les individus moins sûrs d'eux-mêmes et plus perméables aux influences et interventions extérieures. Ils peuvent les rendre apathiques au point de se négliger physiquement, par exemple moins se laver ou ne plus se raser.

Il est important de noter qu'après l'arrêt du régime, pendant la phase de reprise de poids, on peut observer une recrudescence des tendances dépressives, de l'irritabilité et du négativisme. Mais ces tendances disparaissent progressivement après la reprise d'une alimentation équilibrée et la restauration d'un poids normal.

Avec le régime et la perte de poids concomitante, un sentiment de maîtrise de soi se développe. La personne se sent plus satisfaite de son corps, plus en accord avec lui. Elle peut aussi se sentir plus efficace dans d'autres secteurs de sa vie et (re)trouver une meilleure estime de soi. Elle développe aussi en parallèle la peur de perdre les fruits de ses efforts. Elle craint de perdre le contrôle de son alimentation et de reprendre les kilos âprement perdus. Si elle a des crises de boulimie et si elle se purge, cela la démoralise et son estime de soi baisse.

Le tableau ci-dessous reprend quelques-uns des effets psychobiologiques consécutifs à une perte de poids importante. Ces effets sont d'autant plus prononcés que la restriction alimentaire et la perte de poids sont importantes.

QUELQUES EFFETS DE LA DÉNUTRITION SUR L'ORGANISME

— augmentation de la faim et des préoccupations alimentaires,
— crises de boulimie,
— anxiété et dépression,
— irritabilité et colère,
— baisse de l'estime de soi,
— apathie et retrait social,
— baisse de la libido,
— insomnies,
— troubles de la concentration et trous de mémoire,
— troubles et douleurs gastro-intestinaux,
— vertiges et maux de tête,
— faiblesse musculaire,
— rétention d'eau dans les membres (« œdèmes »),
— perte de cheveux, cheveux cassants, peau sèche,
— anémie, hypotension artérielle, cœur ralenti (« bradycardie »), extrémités froides, bleues et parfois douloureuses (« hypothermie »),
— troubles menstruels (« aménorrhée ou dysménorrhée »),
— déminéralisation osseuse (« ostéoporose »).

(D'après Garner, D. *et coll.*, p. 103, *in* D. Garner et P. Garfinkel (Eds.), *Handbook of Treatment for Eating Disorders. Second Edition*. New York : Guilford Press, 1997.)

Les conséquences psychosociales

Pour beaucoup de personnes, faire un régime et perdre du poids sont des manières de se conformer aux valeurs en vogue dans la société en général ou dans leur sous-groupe culturel en particulier. Ce sont donc de puissants moyens d'acculturation et d'intégration sociale. La personne au régime peut ainsi se sentir appartenir à la société ou à son groupe de référence. C'est le cas de nombreuses adolescentes au régime.

L'hyperactivité physique

L'hyperactivité physique traduit un désir de minceur ou un désir de contrôle de son corps et de soi. Elle procure une impression de maîtrise de soi, voire chez certains un sentiment de domination du corps par l'exercice de sa volonté. L'hyperactivité apparaît donc comme un moyen de se sentir efficace et de se revaloriser, tout comme la restriction alimentaire.

L'exercice physique outrancier est aussi utilisé par certains comme une mesure autopunitive. C'est une manière d'expier ses fautes ou ses défaillances. Certaines personnes s'imposent ainsi des longueurs de piscine ou des joggings interminables, non seulement pour brûler les calories mais aussi pour se punir d'avoir cédé à la nourriture ou pour se châtier de toutes les autres erreurs qu'elles estiment avoir commises.

Cependant, un excès d'exercices physiques s'avère à la longue néfaste pour la santé et le bien-être. La personne qui s'oblige à faire des activités physiques perd plaisir à le faire, en devient esclave, s'abîme la santé, s'isole socialement et met parfois en péril son couple, sa famille et son travail. Plus elle fait de sport, plus elle cherche à en faire. La condition physique, la dépense énergétique et la performance physique deviennent des obsessions qui rongent la vie du sportif compulsif. Il n'est pas rare de le voir s'exténuer en dépit de sa fatigue ou de douleurs physiques. Plus il est fatigué et inapte physiquement, moins bonnes deviennent ses performances. Généralement, cette baisse de performance l'incite à intensifier ses exercices, ce qui a pour conséquence de renforcer le cercle vicieux « hyperactivité — épuisement et complications physiques — moindres performances — déception de soi — exigences sportives accrues — hyperactivité — ... ».

Chapitre 5

La personne boulimique, sa famille, son couple

La personne boulimique et sa famille

Les parents sont souvent mis en cause dans la boulimie. Quels rôles joueraient-ils dans le développement et le maintien de la boulimie ? Ont-ils une quelconque responsabilité dans la boulimie de leur enfant ?

Des parents préoccupés par le corps et par la réussite

Par certains comportements et attitudes, les parents des boulimiques pourraient avoir malgré eux une influence néfaste sur leurs enfants. Ainsi, des critiques de la famille sur le poids ou le physique et une pression parentale ou familiale à perdre du poids peuvent favoriser une insatisfaction corporelle chez les adolescentes.

Les mères de filles présentant des troubles alimentaires considèrent leur fille comme plus grosse et moins jolie que les mères de filles dépourvues de troubles alimentaires. Les premières encouragent davantage leur fille à faire un régime et à pratiquer de l'exercice physique. Il est probable que les réactions de ces mères traduisent chez elles des préoccupations corporelles et pondérales importantes. Elles-mêmes font davantage de régimes et souffrent pour certaines de troubles alimentaires.

Les personnes boulimiques perçoivent les préoccupations corporelles de leurs proches et développent des préoccupations similaires.

Les personnes boulimiques perçoivent aussi leur milieu familial comme compétitif et centré sur la réussite sociale et professionnelle. Elles pourraient se sentir obligées de « suivre la voie », alors qu'elles ne le souhaitent pas ou ne se sentent pas à la hauteur de ces exigences.

Des parents en souffrance psychologique

Statistiquement parlant, les parents des boulimiques sont plus déprimés et abusent plus d'alcool, de calmants ou d'autres substances que les parents de personnes non boulimiques. De la sorte, les boulimiques pourraient hériter d'une certaine vulnérabilité biologique les prédisposant à la boulimie et à d'autres troubles psychologiques. Il se pourrait aussi qu'elles grandissent dans des conditions de vie instables qui les fragilisent psychologiquement à la boulimie et à d'autres troubles.

Des frères et des sœurs pris dans la tourmente

Les frères et sœurs des boulimiques sont souvent les grands oubliés dans la famille. Or ils souffrent aussi de la maladie de leur sœur et sont souvent pris à partie, volontairement ou non, dans les conflits familiaux autour de la boulimie de celle-ci.

Des familles « chaotiques »

Beaucoup de boulimiques décrivent leur famille comme désorganisée, peu structurée, peu soudée, critique et conflictuelle. Elles évoquent des difficultés de communication avec leurs parents et ne se sentent pas toujours comprises par eux. Elles se plaignent d'une certaine indifférence ou d'un manque d'affection de leur part. Elles vivent leurs parents comme intrusifs. Elles perçoivent leur mère comme étant peu affectueuse, peu respectueuse de leur vie privée, jalouse et en compétition avec elles. Elles vivent leur père comme étant trop contrôlant et « séducteur ».

Les chercheurs[1] considèrent que les familles des personnes boulimiques ont une organisation plutôt instable et entretiennent des rapports conflictuels entre leurs membres. Selon eux, les boulimiques se soumettent avec ressentiment à des parents plutôt hostiles et négligents.

La personne boulimique, ses parents et les thérapeutes

En tant que thérapeutes, il ne nous appartient pas de dire si nos patientes boulimiques exagèrent ou non leurs critiques vis-à-vis de leurs parents, si elles ont raison ou tort. Quand elles se plaignent de leurs parents ou de leur enfance et de leur adolescence en famille, nous les prenons toujours au sérieux. Pour elles, les événements se sont passés ainsi et pas autrement.

---

1. Vandereycken, W. (2002). « Families of patients with eating disorders », *in* Ch. Fairburn et K. Brownell (Eds.), *Eating Disorders and Obesity. A Comprehensive Handbook. Second Edition*. New York : Guilford Press.

Les parents que nous rencontrons ont généralement une version très différente. Ils se plaignent souvent en disant que leur fille n'a pas été une enfant ou une adolescente facile à éduquer, qu'elle est ou a toujours été excessive ou encore qu'elle leur a toujours gâché l'existence et qu'elle continue à le faire. Ils évoquent parfois eux-mêmes des circonstances de vie très difficiles, passées ou actuelles (décès, divorce, compagnon violent, enfance malheureuse...).

A priori, nous considérons que les points de vue des parents et de leur fille se valent. Tout dépend de l'angle où l'on se place. Pour notre part, nous adoptons préférentiellement le point de vue de la fille. Cela ne signifie nullement que nous prenons d'office fait et cause pour elle. Simplement, nous essayons de voir les choses de son point de vue et de partir de là pour avancer dans la résolution de ses problèmes interpersonnels.

Quand nous rencontrons la famille, nous percevons les tensions qui opposent les boulimiques et leurs parents. Néanmoins, nous n'en concluons pas que ces tensions ont préexisté à la boulimie ou qu'elles ont nécessairement joué un rôle dans son apparition. Pour nous, ces tensions constituent un facteur de maintien du problème, qu'il convient de travailler en thérapie au même titre que les autres facteurs de maintien. Nous savons qu'une maladie chronique — physique ou psychologique — chez un membre de la famille perturbe l'équilibre familial et crée des tensions au sein de la famille.

Si une thérapie familiale s'avère nécessaire, nous tentons de concilier les parents et leur fille non pas sur le passé mais sur le présent et le futur. Nous nous efforçons d'améliorer la communication entre eux et de faciliter les échanges, dans le respect de chacun. Nous les aidons à mieux surmonter l'épreuve actuelle de la boulimie. La boulimie est un calvaire pour la personne qui en souffre mais aussi pour son entourage familial. Nous essayons de soulager fille et parents.

Nous pensons que quand une enfant va mal, ses parents vont mal et que quand les parents vont mal, l'enfant va mal. Il n'est pas utile de déterminer qui des deux a commencé à faire souffrir l'autre pour s'atteler à la lourde tâche de réconcilier parents et enfants pour leur mieux-être commun ! En cas d'impossibilité de (ré)conciliation ou de compromis, nous aidons la boulimique à se débrouiller sans ses parents, quitte à lui faire faire le deuil des « parents qu'elle aurait aimé avoir et qu'elle n'a pas eus », et nous aidons les parents à laisser leur fille mener sa vie et à réinvestir leur vie de couple et leur vie personnelle.

La fratrie de la personne boulimique peut être intégrée de façon utile dans le traitement de leur sœur. Elle a un rôle important à jouer en tant que soutien non critique, porte-parole, médiateur, guide pour une alimentation saine...

Comme la boulimie est un trouble multidéterminé, mêlant des facteurs biologiques, sociaux (culturels, familiaux, liés aux pairs...) et individuels dans son développement et son maintien, prétendre que la famille serait responsable de la boulimie serait aussi faux et injuste que prétendre que la personne malade ou la société en sont seules responsables.

Le schéma suivant illustre ce point. Il convient avant tout de bien distinguer la personne malade et la maladie dont elle souffre. Autrement dit, la personne malade est d'abord une personne, avec ses caractéristiques propres. Cette personne souffre d'une maladie qui modifie ses réactions et entraîne des conséquences dommageables pour elle et son entourage.

La famille peut de façon erronée assimiler la personne à sa maladie. Dans ce cas, elle peut la traiter comme une malade « irresponsable » et la protéger ou bien considérer que sa maladie est simulée, exagérée et traduit un manque de volonté ou de la manipulation. Dans ce dernier cas, elle se montrera peu compatissante, voire même hostile à l'égard de la personne en détresse. L'une et l'autre de ces attitudes — la première « trop douce », la seconde « trop dure » — sont néfastes pour sortir du problème. Déresponsabiliser ou responsabiliser à outrance la personne en prise avec la boulimie est contre-productif.

Aussi, le devenir de la maladie est déterminé en partie par la réaction de l'entourage.

Enfin, les soignants jouent un rôle dans le décours de la maladie. Eux aussi doivent faire la part entre la personne malade et la personne non malade chez leurs patientes. Ils ont aussi pour rôle de rencontrer les proches de leurs patientes, de les informer sur la maladie et de les aider à se comporter de façon constructive avec la jeune fille. Une des premières interventions avec les parents consiste à déclarer que leur proche souffre bel et bien d'une véritable maladie dont elle n'est pas responsable !

Vous trouverez des conseils pour vous comporter au mieux avec une personne boulimique dans le chapitre 9.

Interactions entre la personne malade, sa maladie, ses proches et les soignants
(d'après Cook-Darzens, 2002, p. 34)

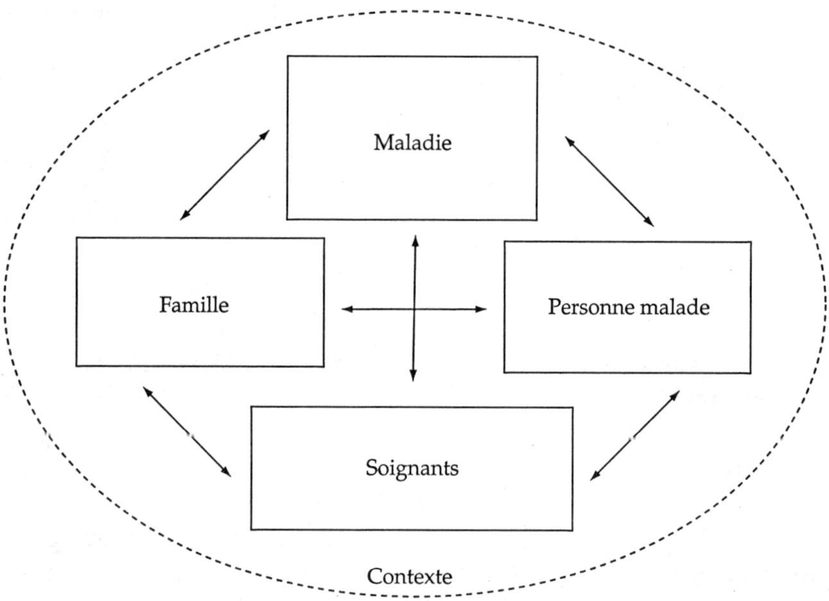

La personne boulimique et son couple

Beaucoup de personnes boulimiques ont une vie sentimentale et sexuelle ou vivent en couple. À ce propos, deux questions viennent immédiatement à l'esprit. Premièrement, la boulimie peut-elle être provoquée ou entretenue par des problèmes de couple ? Deuxièmement, la relation de couple souffre-t-elle de la boulimie ?

Les couples dont l'un des deux partenaires souffre de trouble alimentaire présentent fréquemment un niveau important d'insatisfaction conjugale. Les personnes malades et leur compagnon ont tendance à penser que cette insatisfaction est la conséquence du trouble alimentaire alors que les psy pensent parfois le contraire, à savoir que le problème alimentaire pourrait être entretenu, voire motivé, par des problèmes de couple.

Les rares recherches en la matière trouvent une moindre intimité, une moindre ouverture et plus de problèmes de communication dans les couples des personnes boulimiques.

Il est difficile d'interpréter ces données empiriques. Elles ne permettent pas de trancher la question de la préséance des problèmes alimentaires ou des problèmes conjugaux dans l'insatisfaction conjugale des couples avec boulimie. Néanmoins, il est plausible que l'existence d'une forte insatisfaction conjugale parmi les couples avec boulimie rend la guérison de la personne boulimique plus aléatoire. En effet, trop d'hostilité dans le milieu familial ou conjugal est néfaste pour « sortir » de la boulimie.

Par contre, une étude récente a montré le bénéfice d'une vie de couple stable pour les patientes boulimiques[2]. Celles qui ont un compagnon évoluent plus favorablement que celles qui n'en ont pas. Le rôle du compagnon dans le décours de la maladie peut donc être tantôt bénéfique tantôt négatif. Il est à apprécier au cas par cas.

La personne boulimique et ses enfants

Plus d'une personne boulimique sur deux présente des troubles de la menstruation (règles irrégulières ou interrompues) consécutifs aux troubles alimentaires (restriction alimentaire, purges, hyperactivité entraînant une carence nutritionnelle et des troubles hormonaux). Ces troubles hormonaux, souvent masqués par la prise d'une pilule contraceptive, sont responsables de troubles de la fertilité, en particulier quand le poids corporel est trop bas.

Par rapport à des femmes non boulimiques, les femmes boulimiques tombent plus difficilement enceintes, prennent moins de poids durant la grossesse, font plus de fausses couches et donnent naissance à des enfants prématurés et de poids bas.

Les femmes boulimiques sont plus angoissées et plus déprimées que les autres femmes pendant et même parfois après la grossesse. La grossesse peut être une expérience éprouvante pour elles. En effet, elles sont non seulement confrontées à une prise de poids importante et à des changements corporels rapides mais aussi à de nouvelles responsabi-

2. Fernandez-Aranda, F. *et coll.* « Marital status and bulimia nervosa. A controlled study of its prognostic relevance ». Communication à *European Council on Eating Disorders*, Budapest, 10-12 septembre 2003.

lités et à une redéfinition des rôles au sein du couple (rôle de mère en plus du rôle d'épouse) et de leur famille d'origine (la personne peut revivre sa propre histoire familiale à travers son enfant ; sa mère devient grand-mère de son enfant).

Comme les mères souffrant d'anorexie mentale, les mères souffrant de boulimie peuvent avoir malgré elles une influence négative sur l'alimentation et le développement de leur enfant. Elles ont tendance à trop se préoccuper du poids et de la silhouette de leur enfant et risquent, à leur insu, de lui transmettre des comportements alimentaires pathologiques et des préoccupations corporelles exagérées.

Ces mamans redoutent que leur enfant mange mal, prenne trop de poids ou fasse des saletés en mangeant. Ainsi, elles ont tendance à trop surveiller l'alimentation de leur enfant, à ne pas le laisser se nourrir seul ou à lui faire des commentaires à table sur sa manière de manger. Elles le nourrissent trop peu (ou trop), de façon irrégulière ou bien à des fins non alimentaires, par exemple pour le punir ou le récompenser. Elles ne perçoivent pas toujours clairement les signaux de faim ou de satiété de leur enfant. Les repas sont stressants pour la mère et l'enfant et deviennent sources de conflits, renforçant le stress mutuel.

Par rapport aux autres adolescentes, celles souffrant de troubles alimentaires ont plus souvent des mères qui ont elles-mêmes souffert de troubles alimentaires, en souffrent encore ou sont très préoccupées par leur poids et leur silhouette. C'est dire l'influence possible des préoccupations et habitudes des parents sur leur enfant, jeune ou adolescent. Le père pourrait aussi contribuer à la fragilisation de son enfant, soit par ses propres préoccupations corporelles ou ses exigences de réussite, soit par une relation de couple insatisfaisante.

Loin de nous l'idée de blâmer les mères souffrant de boulimie ! En tant que personnes malades, elles ne sont pas responsables de l'influence potentiellement dommageable de leur comportement sur leur enfant. C'est la maladie — et uniquement elle — qui risque de leur faire adopter des comportements inadéquats pour l'éducation et le bien-être de leur enfant ! Il est bon de noter aussi que beaucoup de mamans souffrant de boulimie nourrissent leurs enfants très bien et que ceux-ci se développent sans problèmes ! Comme toujours, il faut apprécier la situation au cas par cas et éviter de généraliser.

Néanmoins, nous préférons avertir la future ou la jeune maman boulimique des difficultés possibles. De la sorte, elle pourra prendre des mesures pour éviter de transmettre à son enfant ses propres difficultés et craintes vis-à-vis de la nourriture et de l'apparence corporelle.

Si nécessaire, elle demandera conseil à son médecin traitant ou à son pédiatre pour nourrir au mieux son enfant. Elle lui laissera le soin de déterminer le poids attendu de son enfant et lui confiera le suivi de sa croissance et de son poids. Aux repas, elle pourra se faire superviser par une personne de confiance pour développer une alimentation appropriée, dans une ambiance plus sereine.

Un désir d'enfant chez une jeune femme ou dans un couple est compréhensible et légitime. Toutefois, les spécialistes préconisent de traiter la boulimie avant d'envisager une grossesse. En cas de problèmes de procréation chez la femme, on déconseille les traitements médicaux d'assistance à la procréation. On propose en premier lieu un traitement psychologique individuel et/ou de couple pour traiter le trouble alimentaire.

Un projet d'enfant est une occasion de plus pour se soigner, au bénéfice de la maman, de l'enfant et du couple. Avant de vouloir procréer, la personne boulimique devrait être sur la voie de la guérison. Elle devrait être capable de prendre soin d'elle et de son bébé, pendant et après la grossesse. Cela implique qu'elle parvienne à contrôler les boulimies et les purges, à manger de façon non restrictive et à se sentir moins insatisfaite de soi et de son corps. Cela implique concrètement qu'elle accepte de prendre du poids durant la grossesse et qu'elle ne se précipite pas dans un régime draconien après l'accouchement. Cette tâche est ardue quand la personne est encore très préoccupée par son alimentation, son poids et son physique. Néanmoins, la personne a de bonnes chances d'y arriver si son trouble est en forte rémission et si elle bénéficie de relations interpersonnelles harmonieuses, notamment d'une relation de couple stable.

Chapitre 6

Comment guérir la boulimie ?

Choisir le bon traitement

Depuis une vingtaine d'années, plusieurs traitements spécifiques, psychothérapeutiques ou médicamenteux, soignent efficacement la boulimie, en consultation ambulatoire ou dans des hôpitaux spécialisés.

Suivre une psychothérapie ?

• La *thérapie cognitivo-comportementale* de la boulimie est une thérapie pragmatique standardisée, directive et très structurée. C'est à la base une thérapie individuelle pratiquée en consultation ambulatoire, mais elle peut aussi s'exercer en groupe ou en milieu hospitalier. Elle s'intéresse aux déterminants actuels des comportements alimentaires perturbés et cherche à les modifier. Elle comprend une vingtaine de séances et dure plus ou moins six mois.

Cette thérapie comprend trois phases :

— un engagement de la personne dans le traitement par une évaluation individualisée de sa boulimie et de ses déterminants actuels (restriction alimentaire, émotions négatives, insatisfaction corporelle, abus d'alcool...) ; le partage d'informations sur la nature, le fonctionnement, les risques et le traitement de la boulimie ; un début de normalisation du comportement alimentaire et de reprise de contrôle sur les boulimies et les purges ;

— la poursuite de la normalisation du comportement alimentaire et la poursuite du contrôle des comportements boulimiques et de purge ; la réduction de l'insatisfaction corporelle et la gestion de ses expressions (jeûne, hyperactivité physique, pesées compulsives...) ; la gestion des émotions négatives, du perfectionnisme, de la faible estime de soi ou de l'impulsivité qui maintiennent le trouble boulimique ;

— le maintien des acquis thérapeutiques et la prévention des rechutes boulimiques.

Cette thérapie peut réduire de 80 % le nombre de crises de boulimie et de comportements de purge. Elle peut faire disparaître complètement le trouble chez 40 à 50 % des personnes qui ont suivi le traitement.

• La *thérapie interpersonnelle* de la boulimie est une thérapie pragmatique standardisée, non directive mais très structurée. C'est une thérapie individuelle pratiquée en consultation ambulatoire. Elle s'intéresse aux problèmes interpersonnels qui accompagnent et renforcent la boulimie et cherche à les résoudre. Son but est de faire disparaître les sources de stress interpersonnels et ainsi, indirectement, les problèmes alimentaires. Elle comprend une vingtaine de séances et dure plus ou moins six mois.

Elle comprend trois phases :

— la mise en place du traitement : description de la thérapie, identification des problèmes interpersonnels actuels

(conflits, difficultés d'adaptation à de nouveaux rôles, isolement social, pertes affectives), sélection des problèmes à traiter ;
— la résolution des problèmes interpersonnels ;
— la fin du traitement : bilan des changements réalisés et à poursuivre après le traitement, prévention des risques de rechute. Cette thérapie obtient des résultats presque équivalents à ceux de la thérapie cognitivo-comportementale, mais elle donne des effets plus tardivement.

À noter

Ces deux formes de psychothérapie ont fait l'objet de nombreuses études scientifiques qui en ont démontré l'efficacité clinique. Elles améliorent non seulement la boulimie mais aussi la dépression, la faible estime de soi, l'insatisfaction corporelle et le fonctionnement social général.

Leurs bénéfices se maintiennent dans le temps, bien après la fin du traitement. Sachez cependant que des rechutes temporaires sont fréquentes lors de périodes de stress. En effet, la boulimie reste malgré tout un « talon d'Achille » chez les personnes soignées. Toutefois, il est possible de reprendre le contrôle de ses boulimies-purges si l'on évite de désespérer et si l'on applique à nouveau les principes du traitement, quitte à consulter à nouveau son ancien thérapeute si cela s'avère nécessaire.

• La *thérapie familiale* a une place importante à jouer dans le traitement de la boulimie, soit comme une thérapie à part entière de la boulimie pour les adolescentes vivant encore chez leurs parents, soit comme une thérapie adjuvante d'une thérapie individuelle centrée sur la boulimie pour les boulimiques adultes vivant encore chez leurs parents ou vivant en couple.

Dans le premier cas, le thérapeute explique à la famille de l'adolescente boulimique que la boulimie est une véritable souffrance pour la jeune fille et la famille, que c'est une maladie multidéterminée, c'est-à-dire que personne en particulier ne peut être rendu responsable de la boulimie et enfin que l'entourage peut aider à la guérison de la personne malade. Le thérapeute donne aux parents des conseils pratiques pour aider la personne à s'alimenter normalement et à résister aux boulimies et aux purges. Dans un premier temps, les parents reprennent le contrôle de l'alimentation de leur fille. Dans un second temps, quand leur fille parvient à se nourrir normalement avec leur aide, sans crises, et à maintenir un poids normal, sans purges ni hyperactivité physique, ils délèguent la responsabilité de l'alimentation à leur fille. Une collaboration étroite est proposée entre la malade, sa famille et le thérapeute, où chacun a une part de responsabilité dans la guérison. Une fois la boulimie améliorée, d'autres problèmes qui pourraient entraver la guérison complète sont abordés et traités (la prise d'autonomie de l'adolescente, les exigences parentales, la relation de couple des parents...).

Dans le second cas, la thérapie vise à améliorer l'ambiance familiale, à restaurer la confiance et la communication au sein de la famille et à résoudre des problèmes interpersonnels. Elle vise la diminution de la tension et de l'agressivité au sein de la famille, ce qui aide la personne boulimique à ne pas ressentir un surcroît d'émotions négatives (frustration, colère, tristesse, anxiété, culpabilité) qui risquent de compromettre ses efforts pour sortir de sa maladie.

• La *psycho-éducation* est parfois proposée comme un traitement minimal de la boulimie. Elle consiste en une information sur la boulimie et la manière d'en venir à bout, en particulier par une normalisation du comportement alimentaire et l'abandon des comportements de purge. Elle peut se pratiquer en thérapie individuelle ou de groupe. Elle aide les personnes les moins atteintes par la boulimie.

• L'*autothérapie* est très à la mode depuis une dizaine d'années. Elle consiste à proposer aux patientes des moyens concrets de se soigner elles-mêmes, via des lectures, des exercices à réaliser à domicile, des groupes de parole sur le net... Cette approche progressive se pratique totalement seule ou sous la supervision d'un professionnel de la santé expérimenté dans le traitement de la boulimie. Ce type de traitement d'inspiration cognitivo-comportementale semble aider efficacement un bon nombre de patientes boulimiques, pour peu qu'elles suivent réellement les recommandations des « guides pour s'aider soi-même ». Outre les crises de boulimie et les purges, cela permet d'améliorer aussi la dépression et la faible estime de soi. Les résultats sont meilleurs si ces guides sont utilisés sous la supervision d'un professionnel (psychologue, médecin, infirmière...). Notre livre est clairement un manuel pratique d'autothérapie.

• Une *hospitalisation* dans un service médico-psychologique spécialisé n'est pas à exclure si le traitement ambulatoire ne suffit pas, si les boulimies et les purges sont trop fréquentes et irrépressibles, si la personne est trop déprimée et/ou suicidaire ou dangereuse pour elle (abus d'alcool, automutilations...) ou encore si son contexte de vie entrave toute possibilité de changement. Une hospitalisation peut relancer le processus thérapeutique en améliorant assez rapidement la situation et en ressuscitant un espoir de changement. Cette hospitalisation peut durer de quelques semaines à quelques mois suivant les situations particulières de chacun et les modalités de prise en charge thérapeutique du service de soins.

LES OBJECTIFS DES PSYCHOTHÉRAPIES DE LA BOULIMIE

— éliminer les crises de boulimie et les comportements de purge ;
— normaliser l'alimentation en régularité, quantité et diversité ;
— modifier les attitudes à l'égard du poids et de la silhouette ;
— traiter les troubles associés (dépression, anxiété, abus d'alcool...) ;
— améliorer les problèmes associés (difficultés d'adaptation, expérience corporelle négative, estime de soi faible, troubles émotionnels, problèmes interpersonnels, perfectionnisme...) ;
— prévenir les rechutes.

(D'après « Practice guideline for the treatment of patients with eating disorders [revision] », *American Psychiatric Association*, 2000.)

Prendre des médicaments ?

• Une *pharmacothérapie* adéquate peut aussi donner de bons résultats. Certains antidépresseurs à forte dose et certains antiépileptiques, pris durant plusieurs mois, peuvent réduire significativement le nombre de boulimies et de purges. Ils les suppriment complètement chez 16 % des personnes sous médication pendant une année. Ils améliorent l'humeur et réduisent les préoccupations pour la silhouette et le poids. Ils sont aussi efficaces chez les personnes déprimées que chez les personnes non déprimées. Ils semblent perdre de leurs effets avec le temps. L'adjonction d'une médication appropriée à une thérapie cognitivo-comportementale pourrait améliorer les résultats de la psychothérapie pratiquée seule.

Quel traitement choisir ? Nos conseils

Si vous voulez vous débarrasser de votre boulimie, nous vous suggérons d'abord de lire un guide d'autothérapie comme le nôtre et, bien sûr, d'appliquer ses recommandations le mieux possible. Ensuite, consultez un spécialiste (psychologue, psychiatre, médecin généraliste...) pour discuter avec lui de la manière d'appliquer le traitement décrit dans le manuel et de vos efforts de changements.

La fréquentation d'un groupe de psycho-éducation sur la boulimie et son traitement est souvent d'une aide précieuse à ce stade. Malheureusement, de tels groupes sont encore peu accessibles en dehors des grands centres urbains.

Des conseils alimentaires par votre médecin traitant, un nutritionniste ou un diététicien sont parfois suffisants pour améliorer vos problèmes, pour peu qu'il connaisse les informations qui figurent dans ce livre et que vous suiviez réellement ses conseils !

Si ces démarches ne suffisent pas, dirigez-vous vers une thérapie individuelle plus intensive, auprès d'un psychothérapeute expérimenté dans le traitement de la boulimie.

En règle générale, il est préférable de commencer par la psychothérapie avant d'essayer la pharmacothérapie. En effet, la première s'avère généralement plus efficace que la seconde. Par ailleurs, moins de personnes abandonnent spontanément la première que la seconde. Enfin, le taux de rechute à l'arrêt des médicaments est assez élevé, ce qui est moins souvent le cas à l'arrêt d'une psychothérapie réussie.

Néanmoins, la combinaison d'une psychothérapie et d'une pharmacothérapie adéquates est indiquée chez les personnes très déprimées ou submergées par leurs cycles de boulimies-purges. Une pharmacothérapie seule peut aider les personnes qui sont très déprimées, très anxieuses ou ne répondent pas favorablement à une psychothérapie.

A priori, le choix entre une thérapie cognitivo-comportementale ou une thérapie interpersonnelle importe peu. Toutes deux donnent de bons résultats à moyen terme.

Votre choix tiendra compte de vos préférences personnelles pour l'une ou l'autre approche et... de la disponibilité de thérapeutes spécialisés formés à ces approches. Malheureusement, ces thérapies sont encore fort peu répandues dans les pays francophones, en particulier la thérapie interpersonnelle.

Si vous avez quand même le choix, optez plutôt pour la thérapie cognitivo-comportementale. C'est cette thérapie qui est reconnue par la communauté scientifique comme le « traitement de choix » de la boulimie car elle donne de bons résultats en quelques semaines à quelques mois.

Choisissez aussi le psychothérapeute (psychiatre ou psychologue) avec lequel vous allez travailler. Idéalement, il devrait bien connaître la boulimie et pratiquer régulièrement des thérapies efficaces de la boulimie. Il devrait aussi vous inspirer confiance et sympathie. Cependant, ne passez pas tout votre temps à en choisir un « bon ». Décidez-vous assez rapidement et travaillez activement avec la personne que vous avez choisie. Ne changez pas trop vite de thérapeute s'il ne vous donne pas pleine satisfaction tout de suite. Faites-lui confiance, faites-vous confiance. Donnez-lui du temps, donnez-vous du temps. N'oubliez pas que vous êtes sans doute un peu trop impatiente de changer et plutôt exigeante avec vous-même... et votre thérapeute.

Dans certains cas, une hospitalisation de courte durée dans un centre spécialisé peut être d'un grand secours. N'excluez pas trop vite cette possibilité si vous en avez besoin et si votre thérapeute vous la propose.

Vous engager dans le traitement

Une psychothérapie ne peut réellement marcher que si vous vous engagez sérieusement dans le traitement. De même, un médicament que vous oublieriez de prendre ou que vous prendriez selon votre inspiration plutôt qu'en suivant la prescription du médecin ne pourrait pas vous aider efficacement.

Pour augmenter vous-même vos chances de succès, vous devez :

1. vouloir changer vos habitudes alimentaires et d'autres comportements problématiques chez vous, c'est-à-dire considérer ces changements comme très importants à obtenir pour vous ;

2. vous en sentir *a priori* capable, c'est-à-dire croire ces changements possibles, par vos propres moyens ou avec une aide externe adéquate ;

3. être prête à changer, c'est-à-dire accorder à ces changements la priorité, consentir les efforts et sacrifices nécessaires pour y travailler avant d'autres projets personnels ;

4. vous engager activement dans un traitement efficace, mené par une personne compétente, elle-même impliquée dans le traitement.

Bien sûr, votre thérapeute vous aidera à mettre ces chances supplémentaires de votre côté. Si nécessaire, il travaillera avec vous votre motivation à changer : votre ambivalence à changer, votre sentiment de pouvoir changer ou non et vos disponibilités pour le faire concrètement.

Notre avis

Selon nous, un traitement psychologique pertinent doit :

— vous impliquer dans le traitement comme une personne responsable, libre de ses actes et capable de choix personnels ;

— vous aider à comprendre la nature et le fonctionnement de votre trouble alimentaire et d'autres problèmes associés ;

— vous confronter à vos problèmes plutôt que vous aider à les fuir ;

— rester centré sur les problèmes identifiés ;

— développer vos ressources personnelles et interpersonnelles pour les résoudre ;
— vous soutenir et vous encourager dans vos efforts de changements ;s
— vous aider concrètement à mieux gérer vos problèmes.
Un tel traitement n'est possible qu'avec votre collaboration étroite. Sans une alliance de travail solide entre la personne boulimique et son thérapeute, il est difficile, voire impossible, d'arriver à un quelconque résultat thérapeutique.

AI-JE DES CHANCES DE M'EN SORTIR ?

Oui, il est tout à fait possible de guérir votre boulimie ! Un traitement adéquat bien mené, associé à une forte motivation de votre part à vous soigner, a de bonnes chances de vous sortir de votre boulimie ou d'en limiter fortement l'emprise sur vous.
Le pronostic de la boulimie est plutôt optimiste. En effet, il existe des traitements de durée limitée (psychothérapie) ou de durée plus longue (pharmacothérapie) qui donnent de bons résultats. En outre, à moyen et long terme, c'est-à-dire moins de dix ans après un suivi thérapeutique, 70 % des personnes suivies ne souffrent plus de boulimie, 20 % présentent beaucoup moins de symptômes boulimiques et 10 % restent fortement malades.
Comme ces chiffres traduisent l'évolution de personnes au départ très malades, qui se sont adressées à des structures de soins, il est probable que des personnes moins atteintes s'en sortent encore mieux !

Vous n'êtes pas une statistique. *A priori*, il est impossible de savoir si vous avez plus ou moins de chances de sortir de votre boulimie. La meilleure façon de le savoir est de vous soigner, du mieux que vous le pouvez, avec l'aide d'un professionnel, si vous n'y arrivez pas seule.

Chapitre 7

Changer ou ne pas changer ?

Pourquoi ne pas essayer de vous soigner vous-même, avec l'aide de ce livre ? Notre « guide » a pour but principal de susciter chez vous le désir et l'espoir d'un changement, si possible d'une guérison.

Changer ses habitudes est une entreprise périlleuse, ardue et longue. Plus vous vous sentirez armée pour le changement, plus vous aurez de chances d'y parvenir. Ce chapitre vise précisément à vous engager sur la voie du changement : vous préparer à changer et vous expliquer comment changer.

Comme nous l'avons vu, changer de comportement nécessite de vouloir le changement, de croire au changement et de se mettre dans les conditions requises pour le changement.

Si vous doutez sérieusement de l'intérêt de changer, de pouvoir jamais le faire ou si vous ne consacrez pas les efforts nécessaires au changement, mieux vaut ne pas essayer de changer toute seule pour l'instant. Attendez un moment plus propice pour le faire ou demandez l'aide d'un professionnel de la santé, un médecin ou un psychologue, pour vous préparer au changement.

Vouloir le changement

Commencez par réfléchir à l'importance de changer votre boulimie. Pour cela, nous vous proposons plusieurs exercices. Après ces exercices de réflexion, vous serez sans doute plus au clair avec vous-même sur l'utilité de changer ou non.

Écrivez une lettre à votre boulimie

Écrivez une lettre à votre boulimie comme à une ennemie (« Boulimie de malheur, tu me pourris la vie...) et une autre lettre comme à une amie (« Ma chère boulimie, grâce à toi, je suis plus calme le soir... »). Vous identifierez ainsi les raisons de changer et les raisons de ne pas changer.

Cette prise de conscience de votre « ambivalence », vouloir changer et en même temps ne pas vouloir changer ou avoir peur de changer, est une première étape vers le changement.

Relisez régulièrement ces lettres et complétez-les si nécessaire. Après leur lecture, posez-vous les questions : « Actuellement, est-ce que je me sens plus proche de la boulimie comme une ennemie ou comme une amie ? Pourquoi ? Est-ce vraiment ce que je veux ? Si ce n'est pas le cas, comment changer ? »

Faites la liste des avantages et des inconvénients de la boulimie

Dressez la liste des avantages et des inconvénients de vos crises de boulimie. Faites de même pour vos vomissements, d'autres comportements de purge (abus de laxatifs...), votre restriction alimentaire entre les crises de boulimie ou votre hyperactivité physique. Pensez aux avantages et aux inconvénients, pour vous et pour autrui (votre petit ami, votre meilleure amie, votre mère...). C'est un autre moyen de travailler votre « ambivalence » au changement.

Voici une liste de quelques avantages et inconvénients des crises de boulimie et des vomissements de Fabienne. Nous constatons que les inconvénients l'emportent sur les avantages.

AVANTAGES	INCONVÉNIENTS
— Se calmer — Oublier les soucis — Réduire la faim tenace — Exprimer ma rage	— Maux de ventre — Saignements dans la bouche — Voix rauque — Cou gonflé — Honte et culpabilité — Désespoir — Isolement — Fatigue — Difficultés de concentration — Insomnies

Imaginez votre vie future, avec et sans la boulimie

Écrivez comment serait votre vie dans 1 mois, 3 mois, 6 mois, 1 an, 5 ans et 10 ans, d'abord avec la boulimie si elle persistait, puis sans la boulimie si elle disparaissait. Vous saurez mieux ainsi si vous voulez que votre boulimie soit une compagne de courte ou longue durée dans votre existence.

Mathilde, une étudiante en droit de 20 ans, souffre de boulimie depuis ses 16 ans. Elle imagine un avenir très sombre dans un an si elle ne parvient pas à se débarrasser de ses crises de boulimie et de ses vomissements : toujours pas de petit ami car elle se déteste physiquement et se sent trop mal pour entamer une relation, un échec scolaire du fait d'une augmentation de ses difficultés de concentration sur ses cours et de son absentéisme aux cours, des conflits insupportables avec ses parents fatigués de ses vomissements et de sa mauvaise humeur... Mathilde a de grosses difficultés à imaginer un avenir heureux si elle reste malade. Par contre, si elle parvenait à se libérer de sa boulimie, elle espère réussir ses études, trouver un petit ami, renouer des contacts avec ses amies qu'elle a délaissées et voir l'ambiance familiale s'améliorer.

Croire au changement

Il ne suffit pas de vouloir changer pour y arriver ! Encore faut-il croire que le changement est possible de façon absolue ou théorique et pour soi en particulier de façon pratique.

Sortir de la boulimie est possible. Pour rappel, la moitié des personnes traitées par une psychothérapie efficace de la boulimie « guérissent ». L'autre moitié ont nettement moins de boulimies et de vomissements et mènent une vie plus heureuse. Il est aussi possible de bénéficier de médicaments pour soigner sa boulimie.

Pour vous aider à croire que c'est possible pour vous, nous vous suggérons par exemple de lire le livre de V. Rodriguez, *La Peau à l'envers*. L'auteur, ancienne boulimique, explique comment elle a pu sortir de l'enfer de la boulimie. Vous pouvez aussi fréquenter des groupes thérapeutiques ou des groupes d'entraide pour boulimiques. Vous y rencontrerez des personnes qui s'en sont sorties ou qui luttent avec un certain bonheur contre leur trouble. Vous pouvez aussi consulter un spécialiste de la boulimie. Il dissipera vos doutes sur les possibilités de changer, peut-être en vous parlant de personnes boulimiques qui vont mieux au cours ou au terme d'un traitement.

Croire au changement, c'est aussi savoir qu'on peut compter sur une aide extérieure si l'on en a besoin. Notre livre est un premier repère pour vous. En plus de cette aide, vous pouvez consulter un spécialiste qui vous guidera et vous soutiendra dans votre entreprise de changement.

Vous pouvez éventuellement demander l'aide d'un de vos proches. Le chapitre 9 est consacré à l'entourage désireux d'aider la personne boulimique.

Se mettre dans les conditions du changement

Sans des conditions propices au changement, pas de changement ! Il faut consacrer au changement une grosse partie de son énergie : du temps, des efforts répétés, de l'argent et des déplacements si vous consultez un ou des professionnels. Vous aurez à faire des choix et à prendre des décisions pour organiser au mieux les conditions matérielles pour pouvoir changer.

ÊTES-VOUS PRÊTE POUR LE CHANGEMENT ?

Une personne qui est consciente d'un comportement problématique chez elle, qui est désireuse de le changer et qui fait des efforts pour y arriver a plus de chances de le modifier qu'une personne qui n'a même pas conscience de son problème et ne s'applique pas à sa résolution.

On distingue plusieurs stades de motivation au changement. Plus vous serez à un stade avancé, plus vos chances de succès seront importantes. Pour savoir à quel stade vous vous situez, répondez aux questions suivantes.

Les gens pensent que je suis boulimique mais moi, je ne le pense pas.	Oui/Non
Je réalise que je suis boulimique mais je ne suis pas sûre d'être prête à changer.	Oui/Non
J'ai l'intention d'entreprendre des actions contre ma boulimie dans les six prochains mois.	Oui/Non
J'ai entrepris des actions concrètes contre ma boulimie ces six derniers mois.	Oui/Non
Je suis en train de maintenir les changements effectués pour agir contre ma boulimie.	Oui/Non
J'ai entrepris des actions contre ma boulimie et maintenant j'en suis tout à fait débarrassée.	Oui/Non
(D'après Gusella, J. *et coll.*, 2003. *European Eating Disorders Review*, 11, 1, 58-72, 2003.)	

La première question porte sur le stade de « préintention » de changer. La personne à ce stade n'est pas du tout prête à changer. Mieux vaut ne pas la forcer à le faire à ce stade-ci et simplement l'aider à réfléchir à sa situation actuelle, de façon neutre et bienveillante.

La deuxième question sonde le stade de l'« intention » de changer. La personne à ce stade-ci est sur la voie du changement mais encore loin de s'y atteler. Elle doit encore mûrir sa décision de changer avant de s'y engager. Beaucoup de personnes boulimiques nous sont adressées par leurs proches à ce stade-là.

La troisième question a trait au stade de « préparation » ou « détermination » à changer. La personne à ce stade veut changer et s'y prépare. Elle doit être encouragée à s'engager concrètement dans cette voie. La plupart des personnes boulimiques nous consultent de leur propre initiative à ce stade. Elles veulent changer mais ne savent pas comment y arriver, en dépit de nombreux essais personnels pour y arriver.

La quatrième question concerne le stade de l'« action » en vue du changement souhaité. La personne à ce stade fait le nécessaire pour changer. Elle a besoin de moyens concrets d'actions et d'encouragements constants dans ses efforts. La thérapie a pour objectif de susciter ce changement.

La cinquième question décrit le stade de « maintien » du changement obtenu. La personne à ce stade s'efforce de maintenir ses acquis. Elle lutte activement contre les possibilités de rechute. Elle a besoin de soutien dans ses efforts constants. Un suivi thérapeutique régulier permet de gérer les rechutes et de garder la boulimie sous contrôle.

La sixième question illustre le stade de la « guérison ». La personne à ce stade a opéré le changement souhaité. Des contacts sporadiques avec le thérapeute sont utiles pour faire le point et relancer des actions préventives en cas de risque de récidives.

Chapitre 8

Comment changer mes comportements boulimiques ?

Vous voulez changer. Vous croyez pouvoir le faire. Vous vous êtes organisée pour le faire. Alors comment faire concrètement ?

Nous vous proposons une démarche en plusieurs étapes successives, inspirée des psychothérapies cognitivo-comportementale et interpersonnelle de la boulimie. Chacune de ces étapes nécessite des efforts particuliers. Chacune s'ajoute à la précédente. Ce programme prend souvent plusieurs mois d'efforts acharnés. La guérison est à ce prix.

Première étape : commencez à changer

Observez vos comportements boulimiques

Pour commencer, observez vos comportements en remplissant un « carnet alimentaire », c'est-à-dire une fiche d'auto-observation de vos comportements alimentaires et d'autres comportements typiques de la boulimie. Vous êtes certainement la personne la mieux placée pour vous observer et découvrir vous-même ce qui vous pousse à réagir comme vous le faites ! Vous trouverez un exemplaire vierge de carnet alimentaire ci-contre.

Ne croyez pas que vous vous connaissez suffisamment. Au bout de quelques jours d'« auto-observation », vous serez sans doute surprise d'apprendre ou de redécouvrir les véritables mobiles de vos comportements.

Les auto-observations ne sont ni simples ni agréables à réaliser. Cependant, elles constituent la clef de voûte de votre processus de changement. Faites-les avec obstination. Vous en tirerez un grand profit.

➤ Pourquoi vous observer ?

Pour mieux comprendre le comment et le pourquoi de vos crises de boulimie, de vos purges et d'autres comportements problématiques comme l'hyperactivité physique ou les pesées compulsives. Vous parviendrez ainsi à saisir la « logique » de vos réactions.

Pour entrevoir des solutions à vos comportements problématiques. Vous pourrez ainsi tenter d'agir différemment, au

CARNET ALIMENTAIRE

Jour :								Date :			
Comportements alimentaires			Comportements compensatoires					Comportements de contrôle corporel			Commentaires
Quand ? Où ?	Quoi ? Comment ?	B	V	L	D	C-F	B-G	Pesées	Miroir	Exercices physiques	Événements Humeur Sensations Pensées

mieux de vos intérêts, plutôt que reproduire inlassablement les mêmes comportements et retomber dans les mêmes pièges.

Pour pouvoir en général prendre des décisions éclairées sur votre vie. Vous vous rendrez mieux compte de vos besoins, frustrations, désirs, espoirs... Vous pourrez juger de la pertinence de votre mode de fonctionnement habituel et décider d'en changer certains aspects néfastes à votre épanouissement personnel.

➤ Comment et quand vous observer ?

Notez vos auto-observations dans votre carnet alimentaire. Vous pourrez ainsi vous relire et comparer vos notes dans le temps.

Au début, observez-vous systématiquement, jour après jour, pendant quelques semaines. Ensuite, faites-le régulièrement, suivant vos besoins. Faites-le toujours si vous vous sentez mal ou en risque de rechute.

De préférence, prenez des notes au cours de la journée, au fil des événements et de vos réactions. À défaut, consacrez 5 à 10 minutes le soir pour récapituler votre journée.

Si vous préférez tenir un « journal intime » dans un cahier ou un carnet de notes, faites-le. Le principal est que cela vous aide à faire le point sur votre boulimie. Évitez cependant le piège de tout confier à votre journal, « cette personne en papier », et de ne plus parler de vous directement avec vos proches ou à un professionnel de la santé. Le journal intime est un *alter ego* précieux mais muet !

➤ Que devez-vous observer ?

Vos comportements alimentaires

Notez dans votre carnet alimentaire :

— quand et où vous mangez et buvez (l'heure des repas, des collations et des boissons ; par exemple, dans la cuisine, au salon devant la télévision, dans votre voiture, dans un grand magasin, dans la rue...), dans la colonne « Quand et où ? » ;

— ce que vous mangez et buvez, en quelle quantité précise et comment (un bout de pain gris avec une demi-tranche de jambon dégraissé, par exemple ; rapidement ou lentement, debout ou assise, seule ou accompagnée), dans la colonne « Quoi et comment ? » ;

— les idées qui vous viennent à l'esprit avant de manger ou de boire, en le faisant et après l'avoir fait (« Je ne devrais pas manger ce plat en sauce. Je vais grossir. Tant pis, j'en ai envie. Je fonce. Je me ferai vomir après de toute façon », par exemple), dans la colonne « Commentaires » ;

— vos sentiments ou émotions avant, pendant et après les repas ou les crises de boulimie (par exemple, de la culpabilité, de la peur, du plaisir, de la honte...), dans la colonne « Commentaires » ;

— vos sensations avant, pendant et après les repas ou les crises de boulimie (par exemple, de la faim, une sensation de ballonnement ou de lourdeur, des nausées...), dans la colonne « Commentaires ».

Mettez une accolade verticale en face de vos repas principaux de la journée (petit déjeuner ; déjeuner ; dîner), dans la colonne « Quoi et comment ? ».

Mettez une croix en face des épisodes de boulimie, dans la colonne « B » comme Boulimie, quand vous estimez avoir fait des crises de boulimie.

Utilisez ces informations pour vous interroger sur vos comportements alimentaires. Mangez-vous régulièrement ? Mangez-vous en suffisance ? Mangez-vous de façon variée, un peu de tout ? Mangez-vous en fonction de votre faim ou en fonction d'autres éléments comme une heure précise de repas, des exercices physiques réalisés auparavant, la perspective d'un autre repas, votre poids du moment... ? Mangez-vous, seule ou accompagnée ? Êtes-vous gênée de manger comme vous le faites en présence d'autrui ? Mangez-vous comme d'autres personnes de votre âge ? Évitez-vous systématiquement certains aliments ? Acceptez-vous qu'on vous serve à manger ? Cuisinez-vous le moins calorique possible ? Mangez-vous comme vous le faisiez avant de devenir boulimique, par exemple trois repas par jour et de tout ? Dans quelles conditions apparaissent les crises de boulimie ? Où, quand, suite à quoi ?

Vos comportements de contrôle du poids et de la silhouette

Notez aussi dans votre carnet alimentaire :

— Quand vous vomissez. Mettez une croix dans la colonne « V(omissement) » en face des aliments vomis. Précisez, dans la colonne « Commentaires », combien de temps cela vous prend, pourquoi vous le faites, quels sont vos idées et sentiments avant, pendant et après les vomissements, les sensations et les conséquences psychologiques et physiques associées (soulagement, douleurs, fatigue, saignements...).

— Quand vous prenez des laxatifs, des diurétiques, des coupe-faim ou des « brûle-graisse ». Mettez une croix dans la colonne « L(axatifs)/D(iurétiques)/C(oupe)-F(aim)/B(rûle)-G(raisse) » quand cela se produit. Dans la colonne « Commentaires », précisez le type et le nombre de médicaments pris, pourquoi vous les prenez, quels sont vos idées et sentiments avant et après les avoir pris, les sensations et les conséquences psychologiques et physiques associées (apaisement, douleurs, surexcitation...).

— Quand vous vous pesez, dans la colonne « Pesées ». Précisez le poids à chaque pesée. Dans la colonne « Commentaires », précisez pourquoi vous vous pesez à ce moment-là ainsi que vos idées et vos sentiments avant et après chaque pesée.

— Quand vous vous regardez dans un miroir ou quand vous contrôlez votre apparence physique, dans la colonne

CARNET ALIMENTAIRE (exemple)
Anne-Laure, 26 ans, 47 kg pour 1 m 62, souffrant de boulimie avec comportements de purge

Jour : Samedi								Date : 24/04/2004			
Comportements alimentaires			Comportements compensatoires					Comportements de contrôle corporel			Commentaires
Quand ? Où ?	Quoi ? Comment ?	B	V	L	D	C-F	B-G	Pesées	Miroir	Exercices physiques	Événements Humeur Sensations Pensées
7 h 20′ Salle de bains								47,200 kg			Humeur maussade. « Ça va. J'ai un peu perdu de poids. »
7 h 30′ Cuisine	– 1 yaourt maigre sans sucre – 1 bol de café sans sucre, ni lait (debout, en vitesse, seule)										« Je dois absolument me contrôler aujourd'hui. »
10 h 45′ Cuisine	– 2 bananes – 1 barre de chocolat – 4 boules de glace	*									« Je n'aurais pas dû venir à la cuisine. Ma journée est fichue. Je ne suis bonne à rien. »

CARNET ALIMENTAIRE (exemple)

Jour : Date :											
Comportements alimentaires			Comportements compensatoires					Comportements de contrôle corporel			Commentaires
Quand ? Où ?	Quoi ? Comment ?	B	V	L	D	C-F	B-G	Pesées	Miroir	Exercices physiques	Événements Humeur Sensations Pensées
11 h W-C			*								J'ai mal à la gorge.
11 h 10' Salle de bains								47,600 kg	Je regarde mon ventre dans le miroir (de profil, pendant 5 minutes)		Démoralisée. « J'ai encore grossi. Je deviens de plus en plus moche. »
12 h 15'-13 h 20' Piscine du quartier										50 longueurs sans m'arrêter	Peu de monde pour me regarder. « Je dois brûler mes graisses ! »
14 h 05' Rue	2 Coca light en 3 minutes										Assoifée. Je cale mon estomac avec du liquide. Épuisée de la piscine.

CARNET ALIMENTAIRE (exemple)

Jour : Date :											
Comportements alimentaires			Comportements compensatoires					Comportements de contrôle corporel			Commentaires
Quand ? Où ?	Quoi ? Comment ?	B	V	L	D	C-F	B-G	Pesées	Miroir	Exercices physiques	Événements Humeur Sensations Pensées
15 h 30′-16 h Cuisine	– 1 pizza – 2 croissants – 6 boules de glace – 2 chocolats chauds	*									Affamée. Crevée. « J'en ai marre. Tant pis. J'irai vomir après. »
16 h 15′ W-C			* *								« Je n'en peux plus. Je me dégoûte. »
20 h 15′ Resto chinois avec mon petit copain	– 1 soupe de tomates – 1 plat de nouilles – 1 Coca light – 1 thé au jasmin										« J'ai trop mangé. Je me sens seule. Je me tais. Mon copain s'énerve contre moi. »
22 h Retour à la maison, seule.											Je me sens mal, sale.
22 h 10′ W-C			*								J'ai mal au ventre. Vomir me soulagera.
23 h 30′ Salle de bains								47,800 kg		20 abdos	Je dois réagir. Demain, je ferai plus attention.

« Miroir », en précisant combien de temps cela vous prend. Dans la colonne « Commentaires », précisez pourquoi vous le faites ainsi que vos idées et vos sentiments avant et après vous être regardée ou avoir contrôlé votre apparence.
— Quand vous pratiquez de l'exercice physique, dans la colonne « Exercices physiques ». Précisez le type d'exercice physique et combien de temps cela vous prend ou le nombre de séries d'exercice ou de longueurs de piscine. Ajoutez dans la colonne « Commentaires » pourquoi vous le faites, la douleur ou la fatigue ressentie avant, pendant ou après le sport, vos idées ainsi que les sentiments ressentis avant, pendant et après le sport.

Utilisez ces informations pour vous interroger sur vos comportements de contrôle de votre poids et de votre silhouette. Ces comportements vous aident-ils à vous sentir mieux ? Pourriez-vous vous en passer ? Combien de temps vous prend par jour l'ensemble de ces comportements ? Quelles en sont les conséquences, pour vous et pour votre entourage, à court terme et à plus long terme ? Pourquoi cachez-vous ces comportements à vos proches ? Comment faire autrement ? Pourquoi n'êtes-vous jamais contente de votre poids et de votre silhouette ? Quel est le rapport entre le contrôle permanent de votre poids et de votre silhouette, votre alimentation et les boulimies ?...

Vos progrès et l'évolution de votre poids

Notez sur une « fiche de synthèse » vos progrès et l'évolution de votre poids, semaine après semaine. Vous trouverez une telle fiche ci-après.

FICHE DE SYNTHÈSE HEBDOMADAIRE

N°	Semaine du … au …	Nombre de boulimies		Nombre de vomissements	Nombre de médicaments (lesquels ?)	Nombre de pesées	Temps total d'inspection du physique	Temps total d'exercice physique	Poids moyen	Commentaires (événements, humeur, rencontres…)
		objectives	subjectives							

Consignez par semaine le nombre total de crises de boulimie (objectives et subjectives), le nombre total de vomissements, le nombre de médicaments pris, le nombre de pesées, votre poids moyen, le temps total consacré à inspecter votre apparence, le temps total consacré à l'exercice physique.

Si vous vous pesez plusieurs fois par semaine, faites la moyenne arithmétique de votre poids (la somme des poids mesurés divisée par le nombre de pesées de la semaine).

Ajoutez l'un ou l'autre commentaire sur le déroulement de la semaine écoulée (événements particuliers, votre moral, votre état d'esprit...).

Cette fiche de synthèse vous servira à consigner vos progrès, sans doute lents mais constants. Cela vous donnera du courage. Si tout va bien, vous verrez progressivement diminuer le nombre de crises de boulimie et de comportements de contrôle du poids et de l'apparence. Vous verrez aussi en parallèle que votre poids se stabilise dans le temps, avec la diminution des boulimies, des purges, de la restriction alimentaire et de l'hyperactivité physique.

Comprenez vos comportements boulimiques

Après vous être ainsi observée pendant plusieurs semaines, prenez la peine de relire l'ensemble de vos notes. Cherchez à comprendre ce qui déclenche systématiquement vos crises de boulimie et les autres comportements observés. Y a-t-il des circonstances particulières qui les suscitent (certains événements, certaines personnes...) ? Des sensations particulières ? Une humeur particulière ? Un état d'esprit particulier ? Des soucis particuliers ?

(Re)lisez le chapitre 3 sur les causes de la boulimie pour trouver quels sont les facteurs de déclenchement et de maintien des crises de boulimie et/ou des purges chez vous. En particulier, reportez-vous au schéma de Christopher Fairburn

FICHE DE SYNTHÈSE HEBDOMADAIRE (exemple)

N°	Semaine du … au …	Nombre de boulimies		Nombre de vomissements	Nombre de médicaments (lesquels ?)	Nombre de pesées	Temps total d'inspection du physique	Temps total d'exercice physique	Poids moyen	Commentaires (événements, humeur, rencontres…)
		objectives	subjectives							
1		15	5	20	10 laxatifs	21	± 3 h	5 h	47,5 kg	Début du traitement. Je dois m'en sortir.
2		12	6	15	10 laxatifs	18	± 2 h 30′	5 h	47 kg	Je m'améliore. Rassurée par mon poids.
3		17	2	17	15 laxatifs	20	± 3 h	4 h	48,5 kg	Dispute avec mon copain. Stress aux examens. Je me sens découragée et fatiguée.
4		10	7	15	10 laxatifs	16	± 2 h	4 h	48 kg	Réconciliation avec mon copain.
5		11	5	12	10 laxatifs	15	± 2 h	4 h	47,5 kg	Examens réussis. Je décide de réduire les vomissements. J'ai peur de grossir.
6		10	4	10	10 laxatifs	10	± 2 h	4 h	47 kg	Départ de mon père à l'étranger. Coup de cafard. Envie de tout lâcher.

FICHE DE SYNTHÈSE HEBDOMADAIRE (exemple)

N°	Semaine du … au …	Nombre de boulimies		Nombre de vomissements	Nombre de médicaments (lesquels ?)	Nombre de pesées	Temps total d'inspection du physique	Temps total d'exercice physique	Poids moyen	Commentaires (événements, humeur, rencontres…)
		objectives	subjectives							
7		8	6	8	10 laxatifs	8	± 2 h	3 h	48 kg	Je m'inquiète pour mon poids. Je n'ai pas mes règles. Je me sens fatiguée.
8		6	5	5	8 laxatifs	7	± 1 h 30′	3 h	48,5 kg	Je me reprends en main. Soulagée d'avoir mes règles. Mon père m'a appelée (contente).
9		6	3	4	8 laxatifs	5	± 1 h 30′	3 h	48,5 kg	Mon copain m'encourage. Je me sens mieux.
10		5	4	5	8 laxatifs	5	± 1 h 30′	3 h	47,5 kg	Je sens que je progresse. J'ai peur que mon copain veuille aller plus loin dans la relation.

(page 76) qui récapitule les principaux déterminants des boulimies.

Pour rappel, les principaux déclencheurs des boulimies sont de trois types :

• une alimentation insuffisante, avec ou sans sensation de faim, avec ou sans un poids normal ;

• la confrontation à des aliments appétissants, par leur goût, leur odeur, leur vue. Ce sont souvent des aliments réputés « riches » ou caloriques, contenant des glucides et des lipides. Ce sont les aliments dont vous vous méfiez et que vous bannissez (à tort) de votre assiette ;

• des émotions désagréables, comme un sentiment d'ennui, de solitude, de frustration, de peur, d'infériorité, de désespoir... liées à divers problèmes personnels (faible estime de soi, dépression, perfectionnisme, anxiété sociale...) ou interpersonnels (conflits intrafamiliaux, insatisfaction conjugale, harcèlements...).

La plupart des crises de boulimie se déclenchent dans un contexte émotionnel négatif, par exemple un sentiment de solitude (« suralimentation émotionnelle »), suite à une alimentation trop restrictive, par exemple un régime alimentaire chronique (« suralimentation compensatoire ») ou du fait d'une sollicitation par de la nourriture, par exemple la vue d'aliments appétissants (« suralimentation réactionnelle »).

L'acronyme « FACS » permet de se souvenir de quelques-uns de ces déclencheurs :

F comme faim ; fatigue physique ; fatigue morale (lassitude, déprime, désespoir).

A comme alcool ; aliments appétissants, caloriques ou objets des boulimies ; anxiété ou angoisses ; atteinte à son image (sentiment d'échec) ; agressions (conflits).

C comme contrôle de son alimentation, de sa silhouette ou de son poids ; crise de boulimie subjective ; culpabilité ; colère contre soi, autrui ou le monde entier (sentiment d'injustice ou de frustration).

S comme solitude objective (isolement social, repli sur soi) ou sentiment de solitude (avec vécu d'ennui, d'abandon ou de vide intérieur) ; secret (garder la boulimie secrète) ; stress personnel (scolaire, professionnel...) ou interpersonnel (conjugal, familial...).

Essayez de représenter sur papier le fonctionnement de votre boulimie, en vous inspirant du schéma de Fairburn page 76.

Voici à titre d'exemple ci-après le schéma que Anne-Laure a dessiné pour formuler les tenants et les aboutissants de ses comportements problématiques (boulimies, vomissements, pesées, hyperactivité physique...).

Apprenez la régulation du poids ainsi que les effets des boulimies, des purges et des régimes alimentaires

La plupart d'entre vous ont des idées fausses sur le poids et ses mécanismes de régulation ainsi que sur les moyens efficaces de le contrôler. De telles idées vous induisent en erreur et entretiennent votre boulimie.

Une information objective est fondamentale pour changer vos habitudes. Passons en revue quelques idées répandues qui sont à l'origine de réactions inadaptées chez vous.

Le chapitre 4 sur les conséquences de la boulimie a déjà fourni de l'information à ce sujet. Nous en reprendrons certains éléments importants dans ce chapitre.

➤ Le poids du corps

La plupart des personnes qui souffrent de boulimie ont un poids parfaitement normal, voire un poids légèrement inférieur à la normale. Néanmoins, elles se sentent trop grosses, grasses et laides et veulent impérativement maigrir !

Le schéma explicatif de la boulimie de Anne-Laure

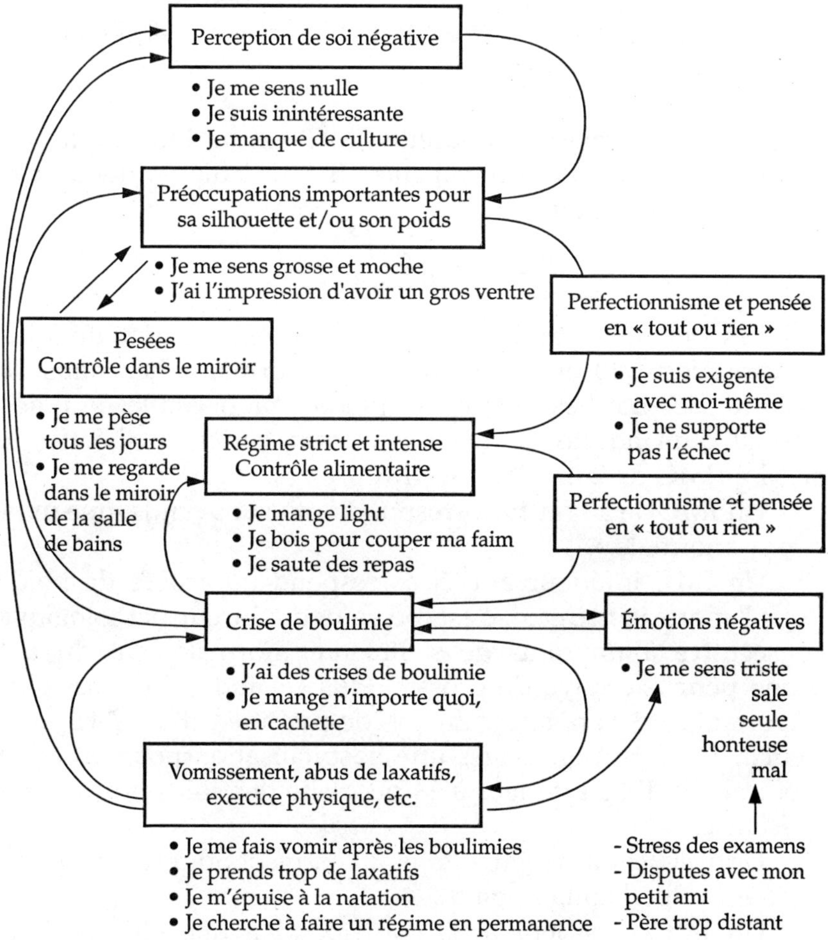

Tant que vous serez convaincue — à tort — que vous êtes anormalement grosse, vous serez insatisfaite de votre corps et de votre personne, vous chercherez — inutilement — à perdre du poids… mais, par la même occasion, vous augmenterez vous-même les risques de crises de boulimie !

À retenir

Pour rappel, des régimes alimentaires excessifs précèdent souvent le début de la boulimie et perpétuent les crises.

L'indice de masse corporelle (IMC) est un indice qui permet de connaître notre corpulence. Il se calcule en divisant le poids par la taille au carré.

$$\text{IMC} = \frac{\text{poids}}{\text{taille} \times \text{taille}}$$

Les personnes adultes (plus de 18 ans) qui ont un IMC compris entre 20 et 25 ont un poids normal. Chez nous, la majorité des adultes ont un tel poids. Par exemple, le poids normal d'un adulte de 1,68 m pourrait varier en théorie de 56,5 kg (IMC de 20) à 70,5 kg (IMC de 25).

Un IMC de 18 ou 19 correspond à un sous-poids, une minceur « anormale ».

Un IMC inférieur à 17,5 correspond au critère de poids pour l'anorexie mentale, c'est-à-dire une minceur pathologique consécutive à un refus de s'alimenter normalement du fait d'une peur excessive de grossir. Plus cet indice est bas, plus importante est l'anorexie. En cas de maintien d'un IMC inférieur à 16, il faut envisager une hospitalisation pour un bilan médical. Un IMC inférieur à 14 nécessite des soins hospitaliers spécialisés.

Un IMC compris entre 25 et 30 correspond à un surpoids, c'est-à-dire de l'embonpoint.

Un IMC supérieur à 30 correspond à une obésité. Plus l'IMC est supérieur à 30, plus l'obésité est sérieuse et entraîne des risques de problèmes de santé (diabète, hypertension artérielle, affections cardiaques...).

Quel est votre IMC ? Se situe-t-il dans la moyenne, entre 20 et 25 ? Si oui, arrêtez de parler de surpoids ou d'obésité à votre sujet ! Si vous êtes en sous-poids, ne négligez pas cet aspect. Ce sous-poids traduit un hypercontrôle de votre alimentation. Celui-ci est un facteur de maintien important de votre boulimie ! Si vous êtes objectivement en surpoids (un IMC supérieur à 25), n'exagérez pas l'incidence du problème s'il reste inférieur à un IMC de 30. Plutôt que de vous lancer n'importe comment dans un régime, demandez conseil à votre médecin et ne cherchez pas à perdre plus de 5 à 10 % de votre poids.

➤ Les fluctuations normales du poids corporel

Il est tout à fait normal que votre poids change au cours du temps. En grandissant, nous prenons du poids. Par exemple, entre 10 et 16 ans, la majorité des jeunes filles passe d'un IMC de 16 à un IMC de 20.

Il est tout aussi normal que votre poids change de semaine en semaine, de jour en jour et… même d'heure en heure. Notre poids corporel n'est jamais parfaitement stable. Comme toute variable biologique, il fluctue dans le temps. Par exemple, votre température corporelle varie aussi dans le temps. Elle oscille autour d'une valeur de 37,2. De même, notre poids corporel oscille autour d'une valeur donnée, relativement stable dans le temps.

Sachez qu'on ne peut conclure à une réelle prise de poids que si la tendance à la prise de poids se confirme au moins pendant quatre semaines consécutives et si la prise de poids est significative (au moins deux kilos de plus). Par conséquent, la plupart du temps, vous concluez trop vite que vous avez grossi et qu'il faut intensifier votre régime !

Vous réagissez comme la personne qui, redoutant de façon excessive la montée de température par effet de serre, prendrait la température extérieure toutes les heures, jour après jour. À la moindre montée du thermomètre, elle conclut au réchauffement de la planète ! Elle oublie les variations normales journalières, saisonnières et annuelles de la température ! Ce n'est qu'une hausse significative de la température se confirmant dans le temps qui pourrait laisser croire à un changement climatique.

Par conséquent, vouloir maintenir constant son poids est utopique et vain. Il faut accepter que notre poids varie naturellement de plusieurs kilos.

VAIS-JE GROSSIR EN SUIVANT LE TRAITEMENT ?

Le traitement que nous vous proposons n'entraîne pas de variations notables du poids. Il ne fait ni grossir… ni maigrir. Au terme du traitement, votre poids sera sensiblement équivalent à votre poids actuel.

Dans un premier temps, vous pourriez éventuellement reprendre un ou plusieurs kilos du fait de l'arrêt des vomissements, des laxatifs ou des diurétiques. Ces kilos correspondent à une réhydratation de votre corps. En effet, les vomissements et les médicaments dont vous abusez ont pour effet de déshydrater votre corps, ce qui se manifeste entre autres choses par une perte de poids. En aucun cas, vous ne perdez de la sorte du « vrai poids », de la graisse. Vous perdez tout au plus des fluides.

Une fois réhydratée, vous maintiendrez ce poids si vous parvenez à contrôler vos crises de boulimie. Pour cela, il vous faudra, outre arrêter les purges, vous réalimenter normalement.

Une alimentation normale (régulière, en quantité normale et diversifiée) est le moyen le plus efficace de contrôler à terme vos boulimies et ainsi de stabiliser votre poids.

Pour vous rassurer sur ce point, nous vous proposons de vous peser une fois par semaine à jour fixe, le matin ou le soir, et de consigner ce poids dans la « feuille de synthèse ». Vous verrez ainsi qu'en mangeant de plus en plus normalement et en renonçant à vos purges, vos boulimies diminueront et votre poids se stabilisera. Oui, il est possible de maintenir un poids normal en mangeant normalement !

➤ La régulation du poids

Le poids et les réserves énergétiques — les sucres stockés dans le foie et les graisses stockées dans le tissu adipeux — sont régulés par des mécanismes biologiques sur lesquels nous avons peu d'emprise. Cette emprise nous pouvons l'exercer principalement sur nos apports alimentaires et sur nos dépenses énergétiques. Dans une certaine mesure, nous pouvons faire varier notre poids en modifiant notre alimentation et notre activité physique. Néanmoins, notre poids corporel (et les réserves en énergie) est un paramètre largement déterminé par notre patrimoine génétique et notre physiologie, en relation avec l'environnement, c'est-à-dire la disponibilité et l'abondance des aliments ainsi que l'activité physique et la sédentarité.

Un « pondérostat » — l'équivalent d'un thermostat pour la régulation de la température — maintient notre poids d'équilibre de façon relativement constante. Ce pondérostat fonctionne à la manière d'un pendule. Si le pendule est déplacé de la verticale vers la gauche ou la droite, il s'écarte temporairement de l'axe de gravité, oscille et finit par revenir à sa position d'origine que lui impose la force de gravitation.

Un élément essentiel de ce pondérostat est le tissu adipeux, appelé la masse grasse. Le tissu adipeux est maintenant considéré comme une glande endocrine au même titre que la glande thyroïde, les ovaires, les glandes surrénales, le pancréas… Il sécrète des hormones visant au maintien d'une masse grasse stable et déterminée biologiquement. Si vous perdez de la graisse dans le tissu adipeux, ces hormones stimulent votre appétit !

S'il est relativement « simple » de perdre ou de prendre quelques kilos, c'est-à-dire de « forcer » la position d'équilibre de notre pondérostat, il est nettement plus compliqué de perdre beaucoup de poids et de maintenir une perte de poids de façon durable. En effet, notre pondérostat vise à maintenir la stabilité du poids d'équilibre.

Si vous avez un poids normal, au repos votre corps consomme tous les jours plus ou moins 1 300 calories afin de maintenir les fonctions vitales et régénérer les tissus. Il s'agit du « métabolisme de base » de l'organisme. Par conséquent, notre organisme a besoin de suffisamment d'énergie pour fonctionner correctement. Une alimentation normale ne devrait pas descendre en dessous de 1 800 calories par jour. Des apports nutritionnels de 2 000-2 200 calories par jour sont recommandés pour de jeunes adultes moyennement actifs. Plus le niveau d'activité est important, plus grands seront les apports alimentaires.

La régulation des réserves énergétiques de l'organisme peut être considérée sous son versant physiologique mais, elle a, comme corollaire, un versant comportemental : la prise alimentaire lors des repas. La prise alimentaire est l'expression comportementale de la régulation des réserves énergétiques. Elle est contrôlée par deux mécanismes.

Le premier mécanisme est le mécanisme de la régulation *en fréquence*. Ainsi, depuis longtemps, on a pu observer qu'un individu qui peut manger à sa guise alterne des périodes de repas avec des périodes sans alimentation (périodes de satiété). Ces dernières sont directement proportionnelles à la taille de la prise alimentaire du repas précédent. Cela signifie que si nous réduisons la prise alimentaire lors d'un repas, l'organisme déclenchera un signal de faim assez rapidement durant la période de satiété qui va suivre. Ceci explique le grignotage caractérisé par des prises alimentaires fréquentes de petite taille. *A contrario*, plus le repas sera important, plus la période de satiété qui suivra sera longue. C'est ce que l'on peut observer après un festin lorsque nous différons le repas suivant.

Le second mécanisme est le mécanisme de la régulation en volume. Lors d'un repas, chacun de nous peut facilement remarquer qu'il apprécie particulièrement les premières bouchées d'un aliment, les sensations d'appétit s'estompant progressivement. Le goût pour l'aliment varie au cours du repas. Cette modification de l'appétence pour un aliment, au fur et à mesure que nous le mangeons, conduit à arrêter son ingestion. Ce phénomène est appelé le rassasiement. Mais il y a plus étonnant encore. Si nous sommes rassasiés pour un aliment donné, nous pouvons continuer à manger un autre aliment pour lequel notre appétit reste intact. C'est le phénomène du dessert. Alors que nous n'avons plus d'appétit pour les aliments que nous venons de manger, nous conservons un appétit pour un nouvel aliment. Cet appétit est d'autant plus grand que nous avons appris que cet aliment est bon. Bien sûr, à la fin d'un repas, un mécanisme de rassasiement général nous amène à mettre un terme au repas. On a pu ainsi observer qu'une personne mange d'autant plus qu'une alimentation variée lui est proposée.

Ce second mécanisme, la régulation en volume de la prise d'un aliment spécifique, est très important. Il nous permet, sans nous en rendre compte, de varier notre alimentation et de consommer les différents nutriments dont nous avons besoin. Ce mécanisme nous protège, en partie, de carences alimentaires spécifiques.

Malheureusement, ce mécanisme lié au plaisir de manger peut nous conduire à manger en quantités trop importantes si les stimulations visuelles, olfactives et... gustatives sont trop fortes ou trop fréquentes. Ceci est d'autant plus vrai que les aliments sont gras — sucrés ou salés —, le gras étant le support du goût ! De plus, si nous restreignons notre alimentation, en prenant comme objectif un poids idéal trop éloigné de celui fixé par notre « pondérostat » naturel, nous risquons plus encore de déclencher le goût pour les aliments que nous nous interdisons !

Par ailleurs, les femmes qui maintiennent un schéma de nutrition avec un apport calorique suffisant réparti durant la journée, ont plus de facilités à maintenir un poids stable dans les 15 années qui suivent la fin de l'adolescence. Cela s'observe davantage si elles conservent l'habitude du repas de midi et du goûter.

Quels enseignements doit-on tirer de tout ceci ? Manger de façon équilibrée, en quantité suffisante, aux principaux repas favorise le maintien d'un poids physiologique stable, même si celui-ci est un peu plus élevé que les standards de minceur auxquels les femmes sont confrontées. On déconseille aussi de transférer la charge calorique du repas de midi et du goûter vers le repas du soir. L'organisation de la vie professionnelle et sociale ne va pas dans ce sens. Il faut cependant encourager les personnes à s'alimenter très légèrement le soir.

➤ Les effets négatifs des boulimies

Les crises de boulimie entraînent des douleurs à l'estomac quand la personne est « pleine ». Elles coupent le souffle par compression du diaphragme, le muscle qui sépare le thorax de l'abdomen. Rarement, elles endommagent l'estomac. Celui-ci peut se déchirer dans des cas extrêmes de surcharge par des aliments. C'est une complication physique grave qui nécessite une intervention d'urgence. Quoi qu'il en soit, mieux vaut éviter de manger en cas de douleurs abdominales importantes.

Les crises sont surtout dommageables psychologiquement. Elles induisent des émotions négatives, une perte d'estime de soi, des problèmes interpersonnels et des comportements compensatoires (restriction, purges, hyperactivité...). Toutes ces conséquences sont susceptibles de perpétuer la boulimie.

➤ Les effets négatifs des comportements compensatoires

Les personnes boulimiques utilisent souvent un de ces moyens pour retrouver le contrôle de leur poids et de leur silhouette.

Les vomissements volontaires

Une grande majorité de personnes se font vomir ou vomissent de façon réflexe, après un épisode boulimique (boulimie « objective ») ou après un repas sans boulimie (« boulimie subjective », impression d'avoir trop mangé). Ces vomissements sont utilisés pour éviter de grossir, réduire l'inconfort gastrique ou l'état nauséeux ou encore pour réguler des émotions négatives.

Cette pratique est dommageable et dangereuse pour la santé. Des vomissements répétés peuvent entraîner un déséquilibre électrolytique sanguin (surtout un manque de potassium), avec entre autres comme conséquences importantes des troubles cardiaques plus ou moins graves. Ils abîment de façon irrémédiable l'émail des dents. Ne vous lavez pas les dents après des vomissements car vous augmenterez l'érosion des dents par le liquide gastrique qui contient du chlore. Rincez-vous simplement la bouche. Les vomissements stimulent les sécrétions des glandes salivaires, qui se dilatent et donnent un aspect bouffi au visage, interprété — à tort — par la personne comme une preuve qu'elle est grosse et qu'elle doit se surveiller ! Les vomissements irritent l'œsophage, la gorge qui peut alors s'infecter… ainsi que les mains.

À retenir

Les personnes qui vomissent ignorent que vomir après une boulimie est une pratique bien peu efficace pour contrôler son poids. En effet, moins de la moitié des apports caloriques absorbés sont régurgités lors des vomissements !

En outre, les vomissements sont en tant que tels des facteurs de maintien des crises de boulimie ! En effet, ils permettent ou autorisent les boulimies du fait du soulagement psychologique et/ou physique qu'ils induisent après l'épisode boulimique. Ils sont par ailleurs utilisés de façon superstitieuse pour éliminer des calories et rassurent la personne alors qu'ils n'éliminent que peu de calories et créent indirectement les conditions de déclenchement de nouvelles crises (dénutrition, honte, critiques...). Parfois, pour pouvoir vomir, certaines personnes sont obligées d'avoir l'estomac plein, ce qui les pousse à se gaver !

L'abus de laxatifs

Les laxatifs sont utilisés abusivement pour tenter de compenser les effets grossissants des boulimies et maintenir un poids stable. Ils entraînent une perte de poids transitoire par des diarrhées. À l'arrêt de ces médicaments, les kilos reviennent tout de suite car le corps récupère l'eau perdue, il se réhydrate. Vous risquez aussi de devenir psychologiquement dépendantes de ces médicaments et d'éprouver de grandes difficultés à vous en débarrasser.

Les laxatifs n'empêchent pas l'absorption par l'organisme des calories contenues dans les aliments ! Ils sont inefficaces pour faire un régime. La personne abusant de laxatifs ne fait que perdre transitoirement un peu de poids de « fluides » mais la composition de son corps reste inchangée.

Paradoxalement, abuser de laxatifs encourage la suralimentation et entretient la boulimie ! La croyance erronée dans l'efficacité des laxatifs pour stabiliser son poids amène la personne à s'abandonner à des épisodes de suralimentation puisqu'elle pense pouvoir en minimiser les effets en prenant des laxatifs. En outre, les laxatifs donnent une impression de propreté du corps et une impression de soulagement de son abdomen une fois celui-ci vidé. Ces sensations agréables renforcent la consommation des laxatifs, ce qui entretient la boulimie. Enfin, certaines personnes utilisent les laxatifs pour se faire physiquement mal (par des spasmes et des douleurs) et ainsi se punir de leur boulimie et d'elles-mêmes en tant que « personnes faibles, stupides, inutiles... ». Cette autopunition renforce l'autodévalorisation et, par là, la boulimie elle-même !

Enfin, cette pratique est dommageable pour la santé. Elle induit des déséquilibres électrolytiques et des lésions de la paroi de l'intestin, notamment des terminaisons nerveuses de la paroi avec pour conséquence… l'aggravation d'une constipation.

L'abus de diurétiques

Les diurétiques ont pour effets l'élimination de liquides par les urines et une perte de poids transitoire. Ils sont utilisés abusivement pour maintenir le poids mais n'ont aucun effet sur l'absorption calorique. Il s'agit là aussi d'une pratique extrêmement dangereuse autant qu'inutile. À l'arrêt de ces médicaments, les kilos reviennent tout de suite car le corps récupère l'eau perdue, il se réhydrate. La dépendance psychologique à ces médicaments est fréquente, ce qui rend leur abandon souvent difficile.

Or, comme les laxatifs, les diurétiques encouragent les boulimies et renforcent la maladie, par la croyance erronée en leur efficacité sur le contrôle du poids et l'impression de propreté et de confort vésical qu'ils entraînent. Ils induisent des déséquilibres électrolytiques dangereux pour la santé.

L'abus de coupe-faim

Certaines personnes abusent de coupe-faim pour masquer leur appétit et éviter ainsi de manger et de grossir. Bien que les coupe-faim parviennent à supprimer temporairement la sensation de faim, ils n'ont aucun effet sur les boulimies. Supprimer la faim ne suffit pas pour contrer la boulimie !

Paradoxalement, prendre des coupe-faim renforce la boulimie. D'abord, la personne qui en abuse croit à tort en leur efficacité pour éviter les boulimies. Par conséquent, elle n'entreprend pas d'actions réellement efficaces pour lutter contre la boulimie, comme manger normalement et se faire soigner. Ensuite, l'abus de coupe-faim amène la personne à restreindre davantage son alimentation, ce qui augmente les effets de dénutrition et les risques de boulimies compensatoires.

L'abus de coupe-faim s'avère très dangereux pour la santé. Il est responsable d'insomnies, de risques cardiaques, de toxicomanie et de dépression sévère à l'arrêt du médicament. Les coupe-faim rendent les personnes nerveuses et irritables. Ils perturbent sérieusement les relations interpersonnelles déjà fort mises à mal par la boulimie elle-même et ses conséquences (isolement social, honte, critiques...).

L'abus de médicaments limitant l'absorption de graisse et les « brûle-graisse »

Ces médicaments sont aussi fortement déconseillés. Les médicaments inhibant l'absorption des graisses sont parfois prescrits à des personnes souffrant réellement d'une obésité sévère pour les aider à perdre un peu de poids. Ils sont à proscrire sans prescription médicale et ne sont à utiliser que sous la supervision d'un médecin.

L'abus d'exercice physique

Le sport intensif est pratiqué dans l'espoir d'éviter de grossir ou de perdre du poids. Il peut être nuisible à la santé s'il est pratiqué sans modération. Il est aussi susceptible de renforcer les boulimies s'il est utilisé comme moyen d'échapper aux effets des boulimies.

➤ Les effets négatifs des régimes alimentaires stricts

Les formes de régime

La restriction alimentaire est la règle chez les personnes boulimiques. Cette alimentation restrictive peut prendre plusieurs formes, isolées ou combinées. Généralement, les personnes éliminent de leur alimentation les aliments qu'elles jugent trop caloriques et susceptibles de les faire grossir. Elles sont très sélectives dans leurs choix alimentaires et mangent de façon stéréotypée, souvent la même chose. Elles tentent aussi de ne pas consommer les aliments qui font habituellement l'objet de leurs crises de boulimie. Certaines personnes jeûnent régulièrement une grosse partie de la journée. D'autres encore limitent volontairement les quantités de nourriture. Quelle que soit la forme de régime chronique, celui-ci est à la fois une cause et une conséquence des crises de boulimie.

Régimes et boulimies

Les régimes alimentaires stricts ont des effets directs sur le déclenchement et le maintien des crises de boulimie. D'une part, ils induisent un état physiologique de dénutrition qui pousse l'organisme à manger, par effet de « contre-régulation ». C'est un facteur majeur de risque de crises boulimiques. D'autre part, les règles diététiques rigides que le régime strict impose sont tôt ou tard violées par la personne au régime. Ces non-respects ponctuels du régime strict donnent lieu à des « abandons » de régime, qui se traduisent par des frénésies alimentaires.

Effets physiques

En outre, les régimes ont des effets négatifs sur l'organisme.

L'alternance de périodes de boulimie et de restriction alimentaire est parfois responsable d'importantes variations de poids dans le temps. Les « régimes Yo-Yo », où des pertes de poids alternent avec des prises de poids, altèrent la composition du corps et du métabolisme, ce qui rend la perte de poids plus difficile. Ils augmenteraient les risques de mortalité par maladie cardio-vasculaire.

Les régimes stricts induisent chez la moitié des boulimiques une dérégulation hormonale sous forme de perturbations ou d'absence des règles (menstrues). Ils baissent la fertilité et sont responsables d'enfants en sous-poids à la naissance.

Effets psychologiques

Enfin, les régimes présentent des effets psychologiques perturbants. Par exemple, ils occasionnent de fortes préoccupations pour la nourriture et l'alimentation, des troubles de la concentration, des réactions émotionnelles incontrôlables (accès de colère, crises d'angoisse, coups de déprime), une méfiance vis-à-vis de l'extérieur, un repli sur soi…

Mangez normalement

• Vaincre votre boulimie nécessite de retrouver des habitudes alimentaires saines. Vous devez impérativement restaurer un schéma alimentaire normal : 3 repas par jour (matin, midi, soir) et 2 à 3 collations étalées sur la journée, la première en milieu de matinée (10-11 h), la seconde en fin d'après-midi (16-17 h) et la troisième (optionnelle) en début de soirée (21-22 h) si vous avez dîné tôt et avez une longue soirée devant vous.

Cette alimentation structurée doit être votre priorité absolue. Ne laissez pas s'écouler plus de 3 à 4 heures sans manger une collation ou prendre un repas. Planifiez toujours les collations et les repas. Sachez à l'avance quand, où, avec qui vous allez manger la fois suivante.

> **À retenir**
>
> N'attendez pas d'avoir de l'appétit ou de ressentir de la faim pour manger. Mangez parce que c'est l'heure de manger et parce que vous voulez vous soigner ! Vos sensations de faim sont perturbées. Elles ne sont pas un indicateur fiable de votre appétit et de vos besoins nutritionnels.
>
> De même, ne portez aucun crédit à vos sensations de rassasiement pour arrêter de manger. Vos sensations de ballonnement ou de plénitude ne sont pas des signaux fiables pour déterminer que vous avez assez mangé. Comme vos sensations de faim, vos sensations de rassasiement sont perturbées. Mangez ce que vous avez prévu de manger, jusqu'au bout, parce que c'est la bonne quantité et parce que vous voulez vous dégager des pièges de la boulimie !

Dans un premier temps, n'espérez pas éprouver du plaisir à manger. Votre peur de la boulimie et votre culpabilité de manger vous empêchent de profiter de vos repas. Les sensations de ballonnement, pendant et après les repas, vous gâchent le plaisir de manger. Mangez donc mécaniquement aux heures de repas, sans chercher dans un premier temps à en retirer le moindre agrément. Si cela peut vous aider, considérez les aliments comme des médicaments qu'il vous faut absorber pour vous protéger contre les crises de boulimie.

Entre les repas et les collations, abstenez-vous de manger. Si vous le faites quand même, ne dramatisez pas ces prises alimentaires et poursuivez votre schéma alimentaire de la journée, quoi qu'il arrive. Même si vous connaissez une ou des crises de boulimie au cours de la journée ou de la soirée, suivez strictement votre schéma alimentaire. C'est votre meilleure protection contre les crises ! Par exemple, vous obliger à prendre votre repas du soir alors qu'il est 17 h et que vous mourez d'envie d'une boulimie est le moyen efficace pour lutter coûte que coûte contre cette boulimie.

Si vous avez eu une crise de boulimie et si vous hésitez à reprendre le schéma alimentaire normal après, reprenez-le quand même, peut-être en diminuant légèrement les quantités de nourriture prévues. Sautez le moins possible les collations et les repas prévus, surtout si vous avez encore des boulimies !

• Rappelez-vous que vous pouvez manger de tout, en quantité normale. Contrairement à ce que vous pensez, il n'y a pas de « bons » et de « mauvais » aliments. Manger est un besoin vital, nécessaire au bon fonctionnement de votre organisme et à votre bien-être psychologique. Pour pouvoir réaliser vos projets de vie, vous avez besoin de soigner votre corps. La nourriture est votre alliée. Ne vous en privez pas. Vous en avez réellement besoin.

Évitez de manger des repas particuliers ou des plats « light », spécialement conçus à votre intention. Mangez ce que les autres membres de la famille ou de votre entourage mangent. Si vous n'y arrivez pas tout de suite, mangez les mêmes aliments qu'eux, mais en moindre quantité. Éventuellement, pour commencer, donnez-vous de temps en temps la permission de sauter tel ou tel plat ou l'un ou l'autre aliment, lors d'un grand repas. Évitez de traîner dans la cuisine pendant la préparation des repas et laissez le cuisinier agir comme bon lui semble.

• Manger, c'est aussi partager un moment avec d'autres. Mangez en compagnie d'autres personnes plutôt que seule. Pour commencer, essayez de manger avec quelqu'un qui ne vous met pas trop mal à l'aise, expliquez-lui son rôle et demandez-lui de s'abstenir de tout commentaire sur votre manière de manger. Demandez-lui de vous aider à affronter l'épreuve du repas, en vous montrant l'exemple. Cette présence vous permettra aussi de ne pas perdre le contrôle de votre alimentation pendant et après le repas. Demandez-lui de rester après le repas pour éviter la tentation de manger à nouveau et/ou d'aller vous purger.

• Rien ne sert de manger normalement si vous avez une crise de boulimie après et si vous finissez par aller vomir ! Après les repas, ne traînez pas dans la cuisine et évitez le passage aux toilettes. Engagez-vous dans une activité récréative. Si nécessaire, quittez votre domicile et allez vous promener, seule ou accompagnée suivant les risques de boulimie à l'extérieur. Porter un vêtement ample peut aider à supporter l'inconfort qui suit un repas. Souvenez-vous que ces sensations sont normales et disparaissent toutes seules après trois quarts d'heure à une heure. Évitez de vous focaliser dessus et de les dramatiser. Ce n'est pas parce qu'on se sent ballonné après un repas qu'on a grossi pour autant !

• Si vous ne savez que manger et en quelle quantité, mangez à l'extérieur et commandez un petit déjeuner standard ou le plat du jour avec une entrée et un dessert. Les recettes de cuisine et les notices sur les paquets d'aliments précisent les quantités normales. Vous pouvez aussi demander à une personne de confiance de commander pour vous à manger ou de vous servir comme si c'était pour une fille de votre âge, par exemple une de vos amies. Vous saurez ainsi ce qu'il convient de manger. Acceptez ce que la personne commande ou vous sert, sans vous fâcher. Vous avez le droit de manger ce que vous voulez, tant en quantité qu'en qualité parmi les aliments servis. Demandez à la personne qui vous a servi de s'abstenir de tout commentaire sur votre alimentation. Vous seule portez la responsabilité de manger ou de ne pas manger normalement.

• Essayez aussi de retrouver une durée normale d'alimentation. Ne mangez ni trop lentement ni trop vite. N'excédez pas 30 minutes pour prendre un repas normal. Éventuellement, adoptez la vitesse d'alimentation d'un convive pour vous aider à garder un bon rythme. Veillez aussi à moins couper, chipoter, mélanger... vos aliments. Évitez de masquer la saveur naturelle des aliments par des condiments. Ne buvez pas plus de 1,5 litre en dehors des repas, sauf en cas de grosses chaleurs.

• Si vous avez trop peur de grossir en mangeant normalement alors que vous avez encore des crises de boulimie, commencez par manger aux heures prévues à cet effet, sans trop vous soucier ni des quantités ni des aliments. Une fois que vous serez capable de manger régulièrement, augmentez les quantités des aliments que vous mangez habituellement. Enfin, quand vous parviendrez à manger régulièrement en quantité suffisante, vous diversifierez ce que vous mangez. Surtout, évitez de compter les calories que vous ingérez à chaque repas et de faire le total de vos apports caloriques quotidiens !

Si votre alimentation est tout à fait déstructurée, commencez par instaurer 3 repas par jour, et seulement après une collation le matin et une l'après-midi. Commencez par (ré)instaurer un petit déjeuner, puis un déjeuner et enfin un dîner. Si c'est trop difficile, demandez l'aide d'une personne de confiance.

• Une fois le schéma alimentaire régulier réinstauré, pensez à manger à nouveau les aliments que vous avez bannis de votre alimentation. C'est votre meilleur atout pour lutter contre la diabolisation de certains aliments et réduire votre peur exagérée de grossir. En mangeant régulièrement les aliments qui vous font peur, vous constaterez que leur consommation ne fait pas exploser votre balance ! Si vous avez trop peur de faire une crise de boulimie avec certains aliments, mangez-en de très petites quantités en présence de quelqu'un. Veillez à ce que cette personne reste avec vous le temps que votre peur ou votre envie de crise de boulimie se dissipe.

Pour vous aider à manger à nouveau de tout, dressez trois listes d'aliments : les aliments que vous mangez sans difficulté ou qui ne vous font pas peur, ceux que vous mangez avec difficulté et qui vous effraient quelque peu et ceux que vous ne savez plus manger ou que vous bannissez car ils vous terrorisent. Réintroduisez régulièrement des aliments de la seconde liste dans votre alimentation journalière. Une fois que vous vous sentirez plus à l'aise avec ces aliments-là, passez aux aliments qui vous effraient le plus.

> **À retenir**
>
> Rappelez-vous que ce n'est pas une alimentation normale qui fait grossir mais bien vos boulimies ! Par conséquent, pour stabiliser votre poids, il faut éliminer les boulimies et pour cela il vous faut manger normalement !

Luttez contre vos crises de boulimie

Vous êtes épouvantée et désespérée de subir des crises de boulimie. Vous êtes paniquée à l'idée de grossir. Vous vous culpabilisez de céder à la nourriture, de manquer de contrôle de vous.

➤ Distinguez vos boulimies « objectives » et vos boulimies « subjectives »

Pour contrôler ses crises de boulimie, il faut commencer par bien faire la distinction entre une « boulimie objective » et

LISTE DES ALIMENTS MANGÉS SANS PEINE, AVEC DIFFICULTÉ ET IMPOSSIBLES À MANGER PAR ANNE-LAURE

Aliments mangés sans peine
— Légumes
— Fruits
— Céréales
— Laitages maigres (yaourt maigre, lait écrémé...)
— Viandes maigres (volaille, poissons maigres, jambon...)
— Fromages maigres
— Sodas light
— ...

Aliments mangés avec difficulté
— Viandes rouges
— Poissons « gras »
— Féculents (pain, pommes de terre, pâtes, riz...)
— Pizzas
— Crème fraîche allégée
— Biscuits secs
— Bananes
— Boissons alcoolisées (vin, bière)
— Margarine allégée
— Œufs
— ...

Aliments impossibles à manger
— Beurre
— Pâtisseries
— Glaces et sorbets
— Milk-shakes
— Gaufres
— Chocolat
— Aliments frits (chips, frites, croquettes, calamars...)
— Charcuteries
— Fromages gras (camembert...)
— Plats en sauce
— ...

une « boulimie subjective ». Une boulimie objective est un réel excès alimentaire, un épisode objectif de suralimentation. Par contre, une boulimie subjective se caractérise par le sentiment d'avoir trop mangé alors qu'objectivement ce n'est pas le cas.

De nombreuses personnes boulimiques croient à tort qu'elles ont des crises de boulimie — des « boulimies objectives » — alors qu'en réalité elles n'ont pas trop mangé — elles font des « boulimies subjectives ». Dès que ces personnes mangent plus ou différemment que d'habitude, elles paniquent et concluent qu'elles ont fait une « crise de boulimie ». Par conséquent, elles abandonnent le contrôle de leur alimentation et ce qui n'aurait pu être qu'un simple écart alimentaire devient une véritable crise de boulimie. Elles passent ainsi malgré elles d'une boulimie subjective à une boulimie objective !

Votre première tâche consiste alors à qualifier correctement chaque épisode alimentaire : une alimentation normale (quantité normale de nourriture et contrôle de son comportement alimentaire), une boulimie subjective (quantité normale, sentiment de perte de contrôle), une suralimentation normale comme lors d'un repas de fête ou au restaurant (quantité importante et sentiment de contrôle), une boulimie objective (quantité importante et perte de contrôle).

Très abattue, Joanne nous explique qu'elle vient d'avoir « une crise de boulimie épouvantable » chez ses parents. En l'écoutant, il apparaît qu'au dessert, au lieu d'avoir mangé les trois cerises qu'elle s'était autorisées avant le repas, elle en a mangé cinq. Elle s'en est aperçu avec effroi en voyant sur son assiette cinq noyaux au lieu de trois. Elle a mangé distraitement deux cerises en plus. Prise d'anxiété, elle s'est fait vomir aussitôt. Nous lui avons expliqué que sa crise de boulimie est une boulimie subjective, déterminée par sa peur de grossir et son régime alimentaire trop strict, et qu'elle doit s'habituer à accepter de manger davantage.

Par ce travail de différenciation, vous arriverez à la conclusion que certaines de vos crises de boulimie sont en réalité des

« boulimies subjectives » et que de nombreuses « boulimies objectives » auraient pu n'être que de simples « boulimies subjectives » si vous n'aviez pas dramatisé l'épisode alimentaire.

BOULIMIES OBJECTIVES OU SUBJECTIVES ?

Les personnes boulimiques concluent souvent de façon erronée qu'elles ont trop ou mal mangé, alors qu'elles mangent normalement, trop peu ou de façon irrégulière. Cette perception tronquée de la réalité peut les amener à passer d'une impression purement subjective d'exagération à une véritable crise de boulimie objective et/ou à des mesures de purge pour compenser la « boulimie ».

Deux indices sont considérés à tort comme des « preuves » d'un épisode de suralimentation :

— l'impression de manger sans éprouver de faim (alors que la sensation de faim n'est pas un indicateur fiable du besoin de s'alimenter) ou au-delà de la sensation de satiété (alors que la personne n'a pas objectivement trop mangé) ; sensation normale de ballonnement, de lourdeur, de nausée au cours du repas ou après celui-ci ;

— l'impression de perte de contrôle sur son alimentation (alors que l'alimentation est normale) ; manger plus, plus vite ou différemment d'autrui ; terminer tout son repas ; se resservir ; manger à des moments imprévus ou inhabituels ; manger des aliments « interdits » ou inhabituels ; manger plus que prévu ; manger deux fois chaud par jour ; combiner un repas chaud et un dessert sucré ; manger un repas sans légumes « pour mieux digérer les autres aliments ».

Cette distorsion de la réalité — une « conclusion hâtive » — est fréquente chez les personnes boulimiques. En effet, du fait de leur boulimie, elles ne détectent plus correctement les sensations de faim et de satiété, sont régulièrement constipées, présentent des œdèmes, ont peur de grossir et donc de manger, connaissent ou ont connu un surpoids ou des variations de poids plus ou moins importantes, ont vécu de nombreuses boulimies objectives, ont des souvenirs terrifiants de vraies boulimies dans des contextes similaires et souffrent d'une humeur déprimée les rendant plus pessimistes. Par conséquent, ces personnes ont tendance à exagérer l'importance et les conséquences de la prise alimentaire.

Il vous faut réapprendre à avoir un regard objectif !

➤ Anticipez vos crises de boulimie

Pour supprimer vos boulimies objectives, identifiez les circonstances de leur apparition et modifiez-les. Par exemple, la disponibilité d'aliments sous forme d'un stock de nourriture à la maison est potentiellement le point de départ d'une crise, chez une personne dénutrie et mal psychologiquement.

Certains thérapeutes préconisent d'éviter de stocker trop de nourriture chez soi, de « contrôler le stimulus déclencheur de la boulimie ». Cette solution nous paraît mauvaise, car elle ne résout que temporairement et partiellement le problème. Nous préférons aider la personne à manger correctement et à trouver des solutions aux problèmes qui l'incitent à manger.

Dorothée, une secrétaire de 26 ans, mesurant 1,72 m pour 64 kg, a des crises de boulimie tous les jours, en fin de journée, dès qu'elle quitte son bureau. À peine sortie, elle se rend dans une boulangerie où elle achète une dizaine de pâtisseries. Son carnet alimentaire montre qu'elle sort de son travail toujours très stressée et affamée. Elle n'aime pas son travail, est souvent tyrannisée par une collègue plus âgée, a peu d'amis et vit seule. La perspective de passer la soirée seule la déprime. Elle mange et vomit dès son retour chez elle. Ses crises de boulimie et ses vomissements l'amènent à se coucher après minuit. Sa dépression, sa fatigue extrême — due en partie à son manque de sommeil — ainsi que ses abus d'alcool chez elle le soir l'empêchent de résister à ses « pulsions boulimiques ».

Plutôt que de lui recommander de ne plus acheter autant de nourriture, nous avons appris à Dorothée à manger suffisamment pendant la journée pour ne pas être affamée le soir, à mieux accepter son corps (elle redoutait, en mangeant normalement, de grossir), à s'affirmer au travail, à se faire des amis, à se trouver des occupations le soir et à arrêter la prise d'alcool et les vomissements. Cette procédure, combinée à la prise d'antidépresseurs, lui a permis de venir à bout de ses crises de boulimie.

Pour augmenter le contrôle sur vos boulimies, analysez la séquence qui vous mène aux crises et essayez de l'interrompre dès que possible. Il est vain de vous demander de ne pas avoir de crise au moment où vous vous apprêtez à la commencer. Il est généralement trop tard. Par contre, il est possible d'agir plus efficacement en début de séquence, par exemple quand vous commencez à vous sentir mal psychologiquement.

Dans notre exemple, Dorothée a appris à s'affirmer au bureau pour éviter de quitter son travail déçue et énervée. Elle a agi « en amont » de la séquence qui la conduit à avoir des crises de boulimie. Un changement de comportement peut aussi être tenté à la sortie du bureau, comme prendre un chemin qui évite de passer devant des boulangeries, mais l'intervention est fort tardive et risque d'échouer.

LA TECHNIQUE DE L'ENTONNOIR OU POURQUOI IL FAUT ANTICIPER SUR UNE CRISE

Imaginez un entonnoir de gros diamètre, tenu à la verticale. Si une bille en plomb tombe dedans, elle va commencer par rouler sur le rebord supérieur, va prendre de la vitesse, s'engouffrer dans le goulet et finir par passer à travers l'entonnoir et ressortir de l'autre côté. Le passage de la bille dans l'entonnoir symbolise le déroulement d'une crise de boulimie. Au début, la personne boulimique « tombe dans un entonnoir » — une situation-piège, une situation à risques de boulimie. Moins vite et activement elle cherchera à s'en dégager, moins elle aura de chance d'y parvenir. Si elle est trop engagée dans le processus boulimique, elle ne pourra pas échapper à la boulimie. Ne demandez pas à une personne boulimique de ne pas manger alors qu'elle est prête à porter la première bouchée de nourriture à sa bouche !

Une clef du succès pour lutter contre les boulimies est de repérer les situations à risques, de les anticiper. Il est particulièrement important de repérer les « moments critiques », c'est-à-dire les moments à

partir desquels il n'est plus possible de faire marche arrière et de ne pas « boulimer ». Pour échapper à la crise, il faut agir énergiquement avant ces « moments de non-retour ».
Avec un peu d'entraînement, vous constaterez assez vite que la plupart de vos crises sont prévisibles et donc potentiellement contrôlables. Il y a toutes les crises que vous planifiez et toutes celles qui surviennent *grosso modo* dans les mêmes contextes. Les « crises qui tombent du ciel » sont l'exception. Bien sûr, savoir qu'une crise risque d'arriver ne suffit pas pour la désamorcer ! Encore faut-il en avoir la force et le courage, ce qui est loin d'être le cas quand on est déprimé par sa boulimie.

➤ Contrez vos crises de boulimie

Il existe bien des moyens de tenter de reprendre le contrôle de vos frénésies alimentaires. En voici quelques-uns que nous empruntons en partie à Christopher Fairburn et à Alain Perroud[3]. Vous pouvez les utiliser isolément ou en les combinant. L'important, c'est que vous luttiez d'une manière ou d'une autre contre les boulimies, que vous engagiez « un corps à corps » contre elles. Chaque boulimie que vous serez parvenue à mettre à mal représentera un pas vers la guérison. Toute victoire sur l'ennemi est bonne à prendre ! La résistance finira par être payante, même si vous perdez souvent des combats.

Retardez vos crises

Postposez votre crise. Permettez-vous de faire une crise mais après un certain délai. Commencez par un court laps de temps, puis agrandissez-le progressivement. Chaque minute qui s'écoule entre l'envie de la crise et la crise est une victoire. C'est le début d'un autocontrôle retrouvé !

---

3. Fairburn, Ch. (1995). *Overcoming binge eating*. New York : Guilford Press. Perroud, A. (2001). *Faire face à la boulimie*. Paris, Retz.

Au début de son traitement, Estelle a repoussé une première crise d'une minute, puis une seconde de trois, puis les suivantes de cinq. Elle parvient maintenant à résister davantage à l'impulsion de manger. Se distraire et se relaxer l'aident à tenir le coup. Estelle commence à croire à la guérison.

Programmez vos crises

Plutôt que laisser la crise se dérouler au gré des circonstances et vous laisser désarmée, préparez-la, organisez-la, anticipez-la. Déterminez ce que vous allez manger en cas de crise : quels aliments et en quelles quantités. Précisez le lieu de la crise et à quel moment vous allez manger ! Choisissez un lieu inhabituel de crise, dans le garage par exemple. Mettez une limite de temps à la crise, trois quarts d'heure par exemple. Définissez aussi la manière dont vous allez manger. Par exemple, plus lentement que d'habitude, assise plutôt que debout, avec des couverts plutôt qu'à main nue, dans une assiette plutôt qu'à même la boîte de conserve…

Laure a placé dans une armoire de la cuisine son « sac à boulimie » au cas où elle serait prise d'une envie irrésistible de manger. Elle y a mis : quatre barres de chocolat, un paquet de biscuits, un sachet de chips au sel et un sachet de chips au poivre. Contrairement à ses habitudes, elle s'oblige à manger le sucré avant le salé, assise à la table de la cuisine, sans lire ni écouter la radio. Elle décide de mâcher davantage les aliments et de les goûter réellement avant de les avaler. Elle est surprise de pouvoir y arriver assez facilement. Cet exercice la conforte dans sa décision de lutter activement contre la boulimie.

Détournez vos crises

C'est une variante de la stratégie précédente. Il s'agit de faire des crises de boulimie avec des aliments prédéterminés, qui ne sont pas les aliments habituels de vos crises, par exemple des carottes, du yaourt, du pain noir…

C'est une manière de reprendre le contrôle de votre alimentation. À défaut de pouvoir gérer l'impulsion à manger de grandes quantités, choisissez le type d'aliments à manger lors des crises. Vous pouvez manger ainsi des aliments qui vous font moins peur que ceux que vous mangez habituellement lors de vos crises. Vous pourrez par conséquent davantage résister à l'envie de vous purger après !

Un autre avantage à ne manger qu'un seul type d'aliment est que cela favorise le processus de rassasiement. En effet, la satiété est spécifique à un type d'aliments donné. Passer d'un aliment à l'autre conduit à manger davantage alors que manger un type d'aliment diminue la quantité ingérée.

Perrine achète des pommes pour ses boulimies. Quand elle n'en peut plus, elle craque et mange frénétiquement des pommes. Au bout de trois à quatre pommes, son envie de dévorer s'apaise. Elle trouve utile de pouvoir croquer sauvagement ses pommes. Elle passe ses nerfs dessus, à défaut de pouvoir gérer autrement sa frustration.

Esquivez vos crises

Échappez à la crise en l'empêchant de survenir. Pour cela, en lieu et place, faites une activité qui capte votre attention et vous distrait de la crise, le temps que l'envie de faire une crise de boulimie retombe. Il est bon de noter sur une fiche les activités à réaliser pour esquiver la crise. Emportez toujours cette fiche sur vous pour vous y reporter « en cas d'alerte ». N'oubliez pas qu'une boulimie anticipée longtemps à l'avance a plus de chance d'être contrée qu'une boulimie que vous n'avez pas vu venir. Agissez dès les premiers signes de danger !

Martha a inscrit sur sa fiche les activités suivantes.

ACTIVITÉS POUR ESQUIVER LA CRISE

Chez moi :
— regarder la TV,
— écouter mon chanteur favori et chanter les paroles avec lui,
— prendre une longue douche bien chaude,
— me faire un shampooing,
— téléphoner à mon copain,
— téléphoner à une amie,
— surfer sur le web,
— coller mes photos de vacances,
— dessiner,
— passer l'aspirateur,
— arroser les plantes.

À l'extérieur :
— sortir le chien,
— me promener (loin des magasins d'alimentation !),
— faire un footing,
— aller nager,
— aller au fitness,
— aller au ciné, seule ou accompagnée,
— aller voir une expo,
— aller prendre un verre, seule ou accompagnée,
— rendre visite à mes parents,
— passer chez mon copain,
— débarquer chez une copine.

Mangez en pleine conscience

Lors des crises (et lors de toute prise de nourriture), soyez totalement concentrée sur ce que vous faites. Évitez de manger en étant absorbée dans une autre tâche comme lire, regarder la TV, écouter la radio... Lorsque vous mangez, ne faites que cela : manger. En mangeant, prenez pleinement conscience de vos moindres actions, sensations, émotions, pensées.

Percevez le geste de votre bras qui porte la nourriture à votre bouche, le mouvement de votre bouche qui s'ouvre pour l'accueillir, la salive qui coule dans votre bouche, vos lèvres qui s'avancent pour prendre la nourriture, la nourriture qui se dépose sur votre langue, les mouvements de vos dents et de votre langue, la consistance de la nourriture, sa chaleur et enfin son goût. Cherchez à en déterminer les moindres arômes, les nuances de goût à chaque instant. Imaginez-vous être un connaisseur qui déguste chaque bouchée. Ralentissez le rythme de mastication, goûtez pleinement chaque bouchée. Éventuellement, déposez vos couverts dix secondes toutes les dix bouchées.

Pour vous mettre dans cette ambiance de gourmet, vous pouvez dresser une jolie table, avec une nappe, des bougies, de la vaisselle délicate, un bouquet de fleurs… Faites des boulimies des festins raffinés !

Béatrice se culpabilise moins de manger en goûtant pleinement ses aliments. Plutôt que d'engouffrer la nourriture, elle s'intéresse à sa saveur. Au bout du compte, elle mange moins et apprécie plus la nourriture lors des crises et de ses repas. Elle conserve le sentiment désagréable de trop manger mais sans l'impression de perdre trop le contrôle de son alimentation.

Mangez en compagnie d'autres convives

Une manière simple et très efficace de résister aux crises de boulimie et aux vomissements consiste à demander l'aide d'un proche. Demandez à une personne de confiance, qui peut se rendre disponible, de manger avec vous et de rester quelque temps avec vous après les repas.

Le rôle de cette personne sera celui que vous lui donnerez, ni plus ni moins. Par exemple, vous servir si vous ne savez quelle quantité manger ou faire un jeu de société avec vous après un repas pour vous dissuader d'aller vomir. Cette personne ne sera en aucun cas responsable des boulimies ou des purges qui surviendraient malgré son aide. C'est à vous de faire le nécessaire pour que son aide soit la plus efficace pour vous. En aucun cas, cette personne ne peut agir à votre place. Elle s'abstiendra de tout commentaire sur votre manière de manger, sur votre physique ou sur vos pertes de contrôle éventuelles (boulimies et/ou purges).

Beaucoup de personnes boulimiques répugnent à utiliser cette solution car elles partent du principe que c'est à elles seules de se sortir de leurs problèmes ou par honte de révéler l'ampleur de leurs troubles alimentaires à leurs proches.

Vous faire aider par quelqu'un n'est pas un signe de faiblesse de votre part. Au contraire, c'est un signe de force, de courage. C'est reconnaître une réalité : la difficulté, voire l'impossibilité, de vous en sortir seule. C'est vous seule qui pouvez décider de vous aider vous-même ainsi. Le contrôle de son comportement par quelqu'un d'autre est une forme d'autocontrôle lorsqu'il est décidé par la personne qui ne sait pas par elle-même se contrôler. Pourquoi se priver de cette aide pour commencer à rompre le cycle infernal des boulimies et des purges ? Une fois que vous aurez récupéré un peu de contrôle avec l'aide d'autrui, il sera toujours temps d'utiliser d'autres moyens d'autogestion de votre alimentation.

Sabine a mis plusieurs mois avant de se décider à faire appel à son petit ami Alain pour l'aider à se débarrasser de ses crises de boulimie et de ses vomissements. Alain est ravi de pouvoir l'aider à manger normalement et à garder ses aliments. Depuis longtemps, il a remarqué que sa copine restreint son alimentation et s'isole, mais il n'a pas osé aborder la question avec elle. Il est soulagé d'apprendre que sa petite amie lui fait confiance. Sabine tire profit de l'aide d'Alain, non seulement en rompant les boulimies-vomissements mais aussi en renforçant sa relation avec lui.

Si vous souffrez de boulimies et/ou de purges dans le cadre d'une anorexie mentale, ces techniques et stratégies risquent d'être insuffisantes pour arrêter vos crises de boulimie.

Pour vous débarrasser définitivement des crises de boulimie, vous devrez nécessairement traiter votre anorexie, en particulier normaliser votre alimentation et reprendre un poids minimal normal. Pour en savoir plus sur le traitement de l'anorexie, reportez-vous au livre *Comment sortir de l'anorexie et retrouver le plaisir de vivre ?* de Yves Simon et François Nef chez Odile Jacob.

Abandonnez vos purges et vos coupe-faim

Comment se débarrasser de ses purges et de l'abus de coupe-faim ? En diminuant progressivement leur fréquence d'utilisation. Notez vos progrès, semaine après semaine.

Pour les vomissements, essayez dès à présent de mettre du délai entre l'envie de vomir et le moment de vomir. Plus vous parviendrez à laisser s'écouler du temps avant de vomir, plus il deviendra simple pour vous de vous débarrasser de cette habitude. Réfléchissez avant de vous précipiter aux toilettes pour vomir. Avez-vous réellement trop mangé ou craignez-vous d'avoir exagéré car vous avez peur de grossir ? Qu'en penserait une personne de confiance ? Vous conseillerait-elle de vous purger ainsi ? Pensez aussi aux sentiments déplaisants que vous éprouvez après avoir vomi. Souvenez-vous que vomir est dangereux pour votre santé et inefficace pour contrôler votre poids.

À noter

Il convient de diminuer progressivement les laxatifs, les diurétiques et les coupe-faim. Un arrêt trop rapide entraîne de la rétention d'eau et, pour les coupe-faim, des symptômes de sevrage (nausées, maux de tête…). Demandez conseil à votre médecin pour savoir comment procéder exactement. Une courte hospitalisation est parfois nécessaire pour réaliser le sevrage de ces médicaments avant de reprendre vos efforts.

Limitez vos exercices physiques

La pratique régulière d'un sport ou d'une activité physique est bénéfique pour maintenir la forme et le bien-être. Par contre, un excès peut s'avérer catastrophique. En abusant de sport, vous dépassez vos limites physiques. Les effets bénéfiques cèdent alors la place à des effets néfastes : lésions, fatigue, souffrance, incapacité à s'arrêter de courir...

Si vous pratiquez de plus en plus de sport, si vous vous sentez mal à l'aise, si vous ne pouvez pas en pratiquer régulièrement, si vous vous isolez pour le faire, si vous le faites surtout pour brûler des calories ou vous punir, si vous ne tenez pas compte de votre fatigue ou de la douleur, alors vous êtes devenue dépendante du sport.

Si vous souhaitez diminuer vos activités physiques compulsives, commencez par noter dans votre carnet alimentaire tous les moments où vous faites du sport ou la moindre activité physique. Indiquez le type de sport pratiqué, la durée, l'intensité de l'effort produit (entre 0 et 10), le plaisir éprouvé pendant et après (entre 0 et 10), la fatigue éprouvée pendant et après (entre 0 et 10) ainsi que la douleur éprouvée pendant et après (entre 0 et 10). Étiez vous seule ou accompagnée ? Aviez-vous envie de le faire ou non ? Qu'est-ce qui vous a poussé à le faire ? La peur de grossir, de la culpabilité, du perfectionnisme, une simple envie de sport ? Le sport s'est-il fait au détriment d'autres activités ? Est-ce qu'il vous crée des problèmes familiaux, conjugaux, professionnels ou de santé ? Que pensez-vous de votre pratique sportive ? Que penserait une personne bien intentionnée de votre manière de pratiquer du sport ?

Au bout de quelques semaines d'auto-observations, vous pourrez déterminer vous-même si vous exagérez ou non. Si vous avez un doute à ce sujet, discutez de vos observations avec une personne proche de confiance ou avec votre médecin.

Pour devenir moins dépendante du sport compulsif, nous vous suggérons de diminuer régulièrement, de jour en jour ou de semaine en semaine, la fréquence et la durée du sport. Limitez la pratique du sport à certains jours et à certaines heures. Notez à l'avance ces périodes dans votre agenda et respectez ces horaires. Tenez compte de votre état de fatigue et de la douleur éprouvée. Arrêtez-vous quand vous êtes fatiguée ou quand vous souffrez. Évitez de pratiquer un sport pour brûler des calories, avant de manger ou après avoir mangé. Faites du sport pour la détente et le plaisir. Choisissez des sports plus doux, comme la marche ou le ping-pong. Pratiquez votre activité physique accompagnée plutôt que seule. Demandez conseil à votre médecin pour savoir ce qui est raisonnable de faire. En changeant vos habitudes sportives, il est normal qu'au début vous vous sentiez mal, anxieuse, nerveuse ou coupable. C'est le prix à payer pour retrouver un plus juste équilibre. Au bout de quelques semaines de réduction progressive de votre pratique du sport effrénée, vous supporterez plus facilement cette limitation et vous en ressentirez sans doute les bienfaits : sentiment de liberté, temps libres retrouvés, moindre fatigue…

Arrêtez vos vérifications du poids et de la silhouette

➤ Pesez-vous « normalement »

Pour vous rassurer, vous contrôlez peut-être souvent votre poids sur une balance. Si vous perdez du poids, vous êtes satisfaite. Cela vous encourage à faire encore plus attention à votre ligne et à votre alimentation. Si vous maintenez votre poids ou en prenez un peu, vous êtes mécontente. Cela vous pousse à intensifier votre régime, à vous purger davantage ou encore à vous dépenser plus. Dans les deux cas, vous êtes perdante et la maladie gagnante.

Pesez-vous une seule fois par semaine, à jour fixe, le matin par exemple au lever. Inscrivez votre poids dans votre carnet alimentaire (voir p. 125) le jour de la pesée et sur la feuille de synthèse hebdomadaire (voir p. 131). Vous constaterez ainsi que votre poids se stabilise en même temps que vous mangez plus normalement et que vos boulimies diminuent en fréquence et en intensité.

Cette pesée hebdomadaire unique est aussi un moyen d'éviter de suivre la politique de l'autruche. Certaines personnes refusent de connaître leur poids de peur de découvrir qu'elles ont grossi. Elles vivent dans la hantise d'avoir grossi sans savoir si cette peur est fondée ou non, ce qui les pousse à faire un régime permanent et augmente de la sorte les risques de boulimie.

Connaître son poids est aussi un bon moyen de constater qu'on mange trop peu et qu'on perd du poids. De la sorte, la personne peut réagir plus vite, augmenter ses efforts alimentaires et diminuer ainsi ses risques de boulimie.

En revanche, résistez à la tentation de vous peser plusieurs fois par jour ou par semaine. Cette surconsommation vous sensibilise inutilement à votre apparence corporelle et à votre poids. Elle vous induit en erreur. Elle vous fait croire que la moindre modification de poids est significative, alors que des variations sont normales. Peser un kilo de plus en fin de journée ne signifie pas qu'on ait pris définitivement ce kilo en plus !

Refusez que votre balance vous gâche la vie. Êtes-vous vraiment quelqu'un de mieux — plus parfaite, plus admirable, plus aimable... — avec un kilo de moins ? Un kilo en plus ferait-il de vous une autre personne — détestable, faible, répugnante... ? Qui se préoccupe à ce point de votre minceur à part vous ? Vos proches approuvent-ils cette course éperdue à la maigreur ? Si non, pourquoi ? Qui vous pousse à être si maigre, vous ou votre boulimie ?

N'oubliez pas que le poids fluctue naturellement. Acceptez des écarts de poids de quelques kilos sans conclure trop hâtivement que vous devenez obèse et qu'il vous faut réagir immédiatement sous peine de ne plus jamais reprendre le contrôle de la situation.

➤ Arrêtez de vous rassurer sur votre physique

« Miroir, mon beau miroir, dis-moi qui est la plus belle ! » La personne insatisfaite de son corps cherche à se rassurer, en scrutant son apparence, en cherchant à la « corriger » ou en interrogeant son entourage sur son look. Malheureusement, en agissant ainsi, elle ne fait que renforcer ses obsessions corporelles. Elle n'est jamais pleinement satisfaite des feed-back qu'elle reçoit sur son physique. Par conséquent, elle intensifie le contrôle de son apparence et renforce d'autant ses préoccupations. Elle se trouve ainsi piégée dans un nouveau cercle vicieux, avec de plus en plus de doutes sur sa beauté et sa personne.

Pour vous débarrasser de ces habitudes néfastes, observez-les et notez-les. Ensuite, classez-les de l'habitude la plus facile à changer à l'habitude la plus difficile à changer. Enfin, réduisez, puis éliminez, un à un, chacun de ces comportements, en commençant par les comportements *a priori* les plus faciles à maîtriser.

Carole élimine ainsi un à un les comportements suivants : 1°) demander régulièrement à ma mère si je suis belle, 2°) m'enduire les hanches de « crème amincissante », 3°) me regarder dans le miroir après chaque repas, 4°) me peser tous les jours, matin, midi et soir.

Deuxième étape : intensifiez vos changements

Gérez vos émotions négatives

De nombreuses crises de boulimie surviennent en réaction à des émotions négatives, plus ou moins intenses, chroniques ou ponctuelles : de la tristesse, de l'anxiété, de la culpabilité, de la honte, de la colère, de l'ennui, un sentiment de solitude... Elles constituent un moyen de réguler les émotions déplaisantes, en leur échappant temporairement. Elles peuvent aussi survenir après des émotions fortes agréables.

Sarah oublie sa solitude en mangeant. Toute son attention est captée par la nourriture. Elle ne pense plus alors à ce qui la tourmente : la dépression de sa mère, l'alcoolisme de son père, la rivalité avec sa sœur, les critiques de son petit ami, son décrochage scolaire et enfin son désespoir d'être boulimique. Ce n'est que quand son estomac est prêt à éclater, qu'elle se sent nauséeuse et qu'elle n'a plus rien à dévorer, qu'elle revient à la réalité. Elle se sent alors coupable et désespérée, désirant « s'endormir et ne plus jamais se réveiller » pour ne plus faire souffrir ses proches ni souffrir elle-même.

Seule dans sa chambre, Virginie, 17 ans, est dans un état second pendant ses crises de boulimie. Entre deux bouchées frénétiques, elle parle tout haut en pensant à son frère qui a abusé d'elle lorsqu'elle avait 12 ans et qui va se marier, sans avoir jamais été inquiété pour ce viol. En allant vomir, elle se sent très en colère contre lui et ses parents qui n'ont rien vu. Ce n'est qu'après avoir mangé et vomi qu'elle parvient à se calmer et à trouver le sommeil quelques heures. Au réveil, elle se sent encore plus sale et plus seule et recommence à manger...

➤ Analysez et comprenez vos réactions émotionnelles

Pour gérer ses émotions autrement qu'à travers les boulimies et/ou les purges, il faut d'abord être conscient *des émotions ou des sentiments* qui les précèdent ou les accompagnent.

Pour vous aider à identifier vos sentiments et émotions, vous pouvez vous reporter à la liste ci-dessous.

Identifiez *la situation ou l'événement* qui a précédé les émotions associées aux crises et/ou purges. Par exemple, de la tris-

LES ÉMOTIONS ET LES SENTIMENTS

— peur, anxiété, panique
— tristesse, déception, désespoir
— solitude
— ennui
— colère, frustration, rage
— mépris
— culpabilité
— honte
— humiliation
— dégoût
— envie, jalousie
— joie, bonheur, détente
— fierté, orgueil
— surprise
— curiosité, intérêt
— amour, affection

tesse suite au départ d'un ami, de la colère suite à une dispute avec votre mère, de la honte suite à une remarque d'un camarade de classe sur votre physique, de la culpabilité d'avoir mangé du dessert...

Cherchez les *pensées, images, souvenirs, anticipations* qui ont accompagné ces émotions ou sentiments. Par exemple, « Je ne le reverrai jamais. Il m'abandonne », « Ma mère ne me comprend pas. Je la déteste », « Je suis grosse. Je ne parviendrai jamais à être jolie. Personne ne voudra jamais d'une fille comme moi », « Mon père avait raison de m'engueuler à table quand je me suis resservi à manger. J'ai toujours été faible devant les aliments », des souvenirs de soi enfant, conduite par sa mère chez la diététicienne pour maigrir.

Ce n'est pas la situation ou l'événement en tant que tel qui engendre des réactions émotionnelles. C'est ce que cette situation ou cet événement représente ou signifie pour la personne qui détermine nos affects. Nos interprétations du monde, des autres et de nous-même conditionnent à notre vécu émotionnel et influencent nos comportements.

Un même événement comme la mort d'un chien peut être associé à de la tristesse chez quelqu'un qui considère qu'il a perdu la seule personne qui lui tenait compagnie, à un soulagement chez la personne qui le voyait souffrir inutilement ou encore à de l'indifférence chez une personne qui n'est pas attachée à l'animal.

Dans le premier cas, la personne est inconsolable ; elle met des photos de son chien partout dans la maison et refuse de le remplacer de peur de ne pas être « fidèle » au chien perdu ou de le perdre. Dans le deuxième cas, la personne oublie rapidement le chien perdu et en achète un autre pour remplacer le premier. Dans le troisième cas, la personne poursuit sa vie comme avant.

Voici quelques exemples concrets des conditions d'apparition de boulimie, de vomissements et d'hyperactivité physique chez Gaëtane.

ÉVÉNEMENTS SITUATIONS	INTER-PRÉTATIONS SPONTANÉES	ÉMOTIONS SENTI-MENTS	COMPORTE-MENTS ACTIONS
Seule le soir à la maison.	« Personne ne m'aime » « C'est trop dur ! » « Je suis une ratée. »	Désespoir. Colère contre moi.	Je pleure. Je me griffe. Je mange trop.
À la cafétéria de la société.	« J'ai trop mangé. Je vais grossir. »	Culpabilité. Panique.	Je vomis. Je saute le repas du soir.
Dans la cabine d'essayage au magasin	« Ce vêtement ne me va pas. Je déborde de partout. J'ai dû encore grossir. »	Dégoût de moi. Honte. Tristesse.	Je sors sans rien acheter. Je me précipite à la salle de fitness.
Au téléphone avec ma mère.	« Elle me critique toujours. Elle ne me comprend pas. »	Colère contre ma mère.	Je raccroche le téléphone. Je mange trop. Je vomis.

➤ Changez vos interprétations pour changer vos émotions

En changeant vos interprétations, vous pouvez modifier en partie votre état d'humeur.

Voici une manière de procéder. Considérez tour à tour chacune de vos interprétations et voyez si elles ne sont pas biaisées d'une manière ou d'une autre. Des erreurs de raisonnement, des « distorsions cognitives », peuvent se glisser dans vos interprétations. Ces interprétations erronées de la réalité contribuent à votre mal-être. Aussi, il convient de repérer ces distorsions et de les corriger.

QUELQUES DISTORSIONS DE LA RÉALITÉ FRÉQUENTES DANS LA BOULIMIE

Pensée en « tout ou rien »

Exemples :

« Soit je restreins mon alimentation et je reste mince et belle, soit je bouffe et deviens grosse et moche. »

« Dans la vie, il y a celles qui réussissent leurs études et les autres. Seules les gagnantes sont heureuses. Comme je veux être heureuse, je dois beaucoup travailler pour réussir ma vie. »

« Si je fais la moindre entorse à mon régime, c'est la preuve que je suis une personne faible. »

Raisonnement émotionnel

Exemples :

« J'ai mal au ventre. J'ai trop mangé. J'ai certainement grossi. »

« Je me sens coupable de ne plus téléphoner à personne. Je suis responsable de mon isolement. C'est ma faute. »

« J'ai peur d'avoir trop mangé à l'anniversaire de mon amie. Je vais grossir. »

Dramatisation/catastrophisation

Exemples :

« C'est horrible de prendre 500 grammes. Je ne pourrai y survivre. »

« Je me suis disputée avec mon ami. Il va me quitter. Personne ne voudra d'une fille comme moi. Je suis perdue. »

« Jamais je ne parviendrai à me débarrasser de ma boulimie. Je suis foutue. »

Culpabilisation/personnalisation

Exemples :

« C'est à cause de moi que mes parents sont tracassés. Je ne fais que des bêtises. »

« Ah ! si je n'avais pas fait ce régime, je n'en serais pas là aujourd'hui. »

« Je suis devenue une personne épouvantable. Je me fâche avec tout le monde. »

Conclusion hâtive

Exemples :

« Si je n'étais plus là, mon copain serait plus heureux. Je lui pourris l'existence. »

« Avec trois kilos de moins, ma vie serait plus heureuse. »

« Il suffit de garder son frigo vide pour ne pas être tentée de manger et éviter les crises de boulimie. »

Anticipation anxieuse

Exemples :

« Peu de boulimiques s'en sortent. Je ne m'en sortirai jamais. »

« Si je reprends du poids, je ne pourrai jamais m'arrêter d'en prendre. »

« Si je mange à nouveau des sucreries, j'aurai des crises de boulimie. »

Concrètement, comment modifier vos émotions ? Reportez-vous à vos auto-observations dans votre carnet alimentaire. Repérez les émotions négatives que vous y avez notées.

• D'abord, évaluez entre 0 et 10 l'intensité de l'émotion ressentie. Plus la valeur est élevée, plus l'émotion est forte.

• Ensuite, évaluez en pourcentage votre degré de croyance dans votre interprétation spontanée de la situation. Plus le pourcentage est élevé, plus vous croyez que votre interprétation est vraie, c'est-à-dire correspond à la réalité.

• Ensuite, trouvez des interprétations alternatives à vos premières interprétations. Pour y arriver, identifiez les distorsions et corrigez-les en conséquence. Évaluez alors en pourcentage votre degré de croyance dans cette nouvelle interprétation. Plus le pourcentage est élevé, plus vous croyez que cette nouvelle interprétation est vraie.

• Enfin, réévaluez entre 0 et 10 l'intensité de l'émotion ressentie en tenant compte de votre nouvelle interprétation.

Voici un exemple d'une telle « restructuration cognitive » chez Gaëtane.

ÉVÉNEMENTS SITUATIONS	**INTERPRÉTATIONS (DEGRÉ DE CROYANCE)**	**ÉMOTIONS SENTIMENTS (INTENSITÉ)**
Convocation chez le chef de service	« Il va me passer un savon. Il a dû lire mon rapport et le trouver exécrable. Il ne me fera plus confiance. Mon job est compromis. » (80 %)	Anxiété (7/10)

DISTORSIONS COGNITIVES	**NOUVELLES INTERPRÉTATIONS (degré de croyance)**	**ÉMOTIONS SENTIMENTS (intensité)**
Anticipation anxieuse Culpabilisation Dramatisation	« Je ne sais pas ce qu'il me veut. D'habitude, il apprécie mon travail. J'ai fait de mon mieux. Après tout, ce n'est qu'un rapport. » (50 %)	Inquiétude (4/10)

Une autre manière de procéder consiste à répondre successivement aux dix questions suivantes, avant la crise ou, à défaut, juste après. Les réponses doivent porter sur l'état émotionnel qui a précédé ou accompagné la boulimie.

1. Qu'est-ce que je ressens exactement ? Quelle est mon émotion ?

2. À quoi je réagis ainsi (un événement, une personne, une sensation, une pensée, une image, une émotion...) ?

3. Quelles pensées ou croyances sont associées à mon émotion ?

4. Quelles preuves ai-je que mes pensées ou croyances sont vraies/fausses ?

5. Y a-t-il d'autres façons de voir les choses que mes pensées ou croyances me les font voir ?

6. Que se passerait-il si mes pensées ou croyances étaient vraies ?

7. Quel est le rapport coût-bénéfice de mes pensées ou croyances ?

8. Que puis-je faire pour me sentir mieux ?

9. Qu'est-ce que ce travail de réflexion m'a appris sur moi ?

10. Comment réagirai-je la prochaine fois en pareils cas ?

Depuis quelque temps, Pascaline a la fâcheuse habitude de se précipiter sur la nourriture en rentrant chez elle après le lycée. Elle décide de répondre aux questions ci-dessus. Elle reconnaît se sentir contrariée et attristée par les annulations des rendez-vous avec son amie Bénédicte. Elle identifie les pensées : « Bénédicte se détourne de moi. Je ne l'intéresse plus. »

Pascaline se souvient que Bénédicte l'a déjà décommandée quelques fois ces dernières semaines, ce qui la conforte dans son impression de détachement de sa part.

Pascaline sait que Bénédicte est stressée par ses études et que ses parents ont récemment acheté une maison de campagne. Elle se dit alors que c'est peut-être là l'explication de ce changement d'attitude. Même si Bénédicte la délaisse, Pascaline croit pouvoir y survivre. Elle peut toujours relancer d'autres copines. Elle se rend compte que se tracasser pour cela est inu-

tile. Elle décide de téléphoner à Bénédicte et de lui faire part de ses inquiétudes.
Pascaline a appris par cette réflexion que l'amitié de Bénédicte compte beaucoup pour elle et qu'elle se sent vite abandonnée. Elle essaie à présent de parler plus directement de ses émotions plutôt que les garder pour elle… et manger pour résoudre son malaise.

Réduisez votre insatisfaction corporelle

Vous n'aimez pas votre physique, voire vous le détestez. Vous vous trouvez sans doute trop grosse, laide ou difforme. Comment aimer davantage votre corps ?

➤ Comprenez votre insatisfaction corporelle

La plupart des (jeunes) femmes sont insatisfaites de leur corps. Les personnes qui souffrent de boulimie sont encore plus critiques à l'égard de leur physique que les femmes en général. Cela se comprend aisément si l'on se souvient que beaucoup de boulimiques ont présenté du surpoids ou de l'obésité avant la boulimie ; qu'elles ont connu des critiques ou des moqueries sur leur apparence corporelle ; que certaines d'entre elles ont été anorexiques, c'est-à-dire très maigres, avant de devenir boulimiques et regrettent leur minceur extrême ; qu'elles font des crises de boulimie qui peuvent les faire grossir ou les ont fait prendre du poids et enfin qu'elles associent leur estime de soi à leur silhouette et à leur poids.

En réalité, les personnes boulimiques confondent « se sentir grosses et laides » et « être grosses et laides ». C'est une erreur d'évaluation ou d'appréciation, une distorsion de la réalité très fréquente chez elles. Elles prennent cette impression première pour un fait réel et souffrent comme si elles étaient réellement en surpoids ou disgracieuses. Telles des daltoniennes qui ignoreraient confondre le vert et le rouge, elles se vivent comme plus grosses qu'elles ne sont en réalité !

Cette expérience corporelle négative traduit une mauvaise opinion de soi. Notre façon de ressentir et d'apprécier notre corps est le reflet de l'évaluation plus générale de notre personne. Une image négative de soi en tant que personne est souvent associée à une image négative de son corps. À son tour, cette dernière mine la confiance en soi et entretient une faible estime de soi.

Cette expérience corporelle aversive se caractérise par une focalisation de son attention sur les « imperfections » de son corps, au détriment des autres parties corporelles, puis par une surgénéralisation de ces « défauts » présumés à son corps tout entier. Par exemple, la personne obsédée par son ventre « bedonnant » se fixe sur lui, le trouve « répugnant », puis généralise cette insatisfaction corporelle locale à l'ensemble de son corps considéré alors comme « hideux ».

Le perfectionnisme peut aussi intervenir dans l'expérience corporelle négative. Certaines personnes se tracassent et s'en veulent que leur corps ne soit pas à la hauteur de leurs attentes. Cela entraîne chez elles une grande détresse car elles poursuivent des objectifs inaccessibles ou qu'elles ne peuvent atteindre que difficilement ou brièvement.

Les médias nous inondent d'images de corps « parfaits ». Ces images nous induisent en erreur et nous font espérer que nous puissions nous aussi transformer notre corps selon nos souhaits. Par exemple, les modèles féminins présentés sont anormalement minces. Même les photographies des modèles sont parfois allongées artificiellement pour les rendre plus hauts et plus sveltes qu'ils ne sont en réalité. Dès lors, vouloir se rapprocher de ces formes corporelles « idéales » est un leurre. Mais en quoi ces formes seraient-elles d'ailleurs « idéales » ?

Nous sommes plus insatisfaits de notre apparence corporelle quand nous nous sentons mal psychologiquement, en particulier quand notre moral est bas. À ce moment-là, nos auto-évaluations négatives s'étendent à notre corps. Par exemple, une jeune femme anxieuse qui se regarde dans le miroir avant de se rendre à un rendez-vous amoureux se trouvera laide ou grosse si elle a peur de ne pas plaire. Elle n'a pas confiance en elle et dénigre alors son attractivité physique.

L'extension du doute de soi à son physique a pour résultat un cercle vicieux : doute et insatisfaction de soi → doute et insatisfaction de son corps → doute et insatisfaction de soi → ...

À retenir

Par conséquent, perdre du poids et changer son physique ne sont pas des solutions appropriées pour résoudre le problème sous-jacent, c'est-à-dire un manque de confiance en soi. C'est se tromper de cible, même si cela peut temporairement rehausser la confiance en soi et améliorer l'humeur déprimée.

Prenez conscience que votre estime de soi, votre perfectionnisme et votre humeur influencent la manière dont vous vivez votre corps. Moins vous vous aimez comme personne, plus vous rejetez votre apparence. Plus vous êtes exigeante envers vous-même, plus vous êtes critique vis-à-vis de votre physique. Plus vous vous sentez mal, plus vous trouvez votre corps imparfait.

➤ Faites l'historique de votre insatisfaction corporelle

Retracez l'histoire de votre insatisfaction corporelle. En quoi consiste-t-elle précisément ? Quand a-t-elle commencé ? Dans quelles circonstances ? Comment a-t-elle évolué dans le temps ?

Vous découvrirez ainsi que votre insatisfaction corporelle n'a sans doute pas toujours existé, du moins comme maintenant, et qu'elle traduit davantage des réactions émotionnelles à des événements particuliers de votre vie qu'une réalité absolue, c'est-à-dire une réelle disgrâce.

Malheureusement, vous avez conservé en mémoire une représentation négative de votre physique. Vous vous reportez à cette image tronquée de vous pour juger de votre beauté, de votre attractivité et de votre popularité actuelles. Il est temps de réactualiser cette représentation erronée. Par exemple, si plus jeune vous avez souffert de remarques désobligeantes à propos de votre embonpoint, rien ne prouve que vous soyez encore actuellement sujette à de telles critiques ou que vous ne soyez pas en mesure d'y faire face autrement que par le passé.

Pour vous aider à y voir plus clair, mettez en parallèle sur une ligne du temps : les événements marquants, plus ou moins stressants ou blessants, de votre vie ; vos réactions émotionnelles en réponse à ces événements ; vos comportements alimentaires ; l'évolution de votre poids et enfin votre satisfaction et insatisfaction corporelles tout au long de votre vie.

Voici comment Chloé a effectué cet exercice comparatif.

DÉCOUVERTE DES LIENS ENTRE LES ÉVÉNEMENTS DE VIE, LES RÉACTIONS ÉMOTIONNELLES, L'ALIMENTATION ET L'INSATISFACTION CORPORELLE. L'EXEMPLE DE CHLOÉ.

0-11 ans :
— vie sans soucis,
— heureuse,
— alimentation normale,
— un peu ronde,
— bien dans ma peau.

11-12 ans :
— divorce de mes parents (départ de mon père), puberté,
— troublée, un peu déprimée,
— mal-bouffe (manger n'importe quoi, n'importe quand),
— prise de poids progressive,
— début des complexes physiques.

13-14 ans :
— premiers flirts, moqueries de filles sur mon physique ; dépression de ma mère,
— sentiment d'insécurité, grosse déprime,
— premières crises de boulimie,
— prise de poids rapide,
— impression d'être trop grosse.

15-17 ans :
— échecs scolaires ; remise en ménage de mon père ; deux hospitalisations de ma mère pour dépression ; départ de la maison de ma grande sœur,
— sentiments d'impuissance, idées de mort, crises d'angoisse, insomnies,
— crises de boulimie tous les jours, restrictions alimentaires,
— début des vomissements,
— variations importantes de poids,
— dégoût de mon corps, envies de le maltraiter, arrêt de la natation (pour cacher mon corps).

18 ans :
— rencontre de mon petit ami actuel (premiers rapports sexuels), naissance d'un enfant chez mon père, mère « malade » à la maison, fin de mes études,
— humeur basse, fatigue chronique, douleurs,
— crises de boulimie tous les jours, vomissements plusieurs fois par semaine, abus de laxatifs, hyperactivité physique (100 abdos tous les jours), pesées plusieurs fois par semaine,
— poids se stabilisant un peu,
— honte de mon corps (refus des rapports sexuels), automutilations (pour punir mon corps rebelle), arrêt de l'hyperactivité (fatigue trop importante, perte de plaisir), projets de liposuccion.

➤ Identifiez et corrigez les erreurs d'appréciation de votre corps

Un autre moyen de relativiser votre impression douloureuse d'être laide est de prendre conscience de vos « distorsions cognitives » et de les corriger, c'est-à-dire en dénoncer les excès ou les mensonges.

QUELQUES DISTORSIONS DE LA RÉALITÉ TYPIQUES DANS L'INSATISFACTION CORPORELLE

Comparaison sociale :
« Si je suis entourée de personnes plus belles que moi, alors je suis laide. »

Raisonnement émotionnel :
« Si je ne me SENS pas attractive, je ne SUIS pas attractive. »

Pensée en « tout ou rien » :
« Si je ne suis pas belle, je suis laide. »

Amplification/surgénéralisation :
« S'il y a UNE imperfection dans mon apparence, alors je suis moche. »

Parcellisation/abstraction sélective :
« Ma valeur personnelle est déterminée par mon physique. »

➤ Dialoguez avec votre corps

Pour faire la paix avec votre corps, pourquoi ne pas lui écrire une lettre lui exposant tous vos griefs, puis une lettre de réponse de votre corps à vous ? Ensuite, écrivez une lettre de réconciliation avec votre corps.

Conversez avec votre corps. Asseyez-vous sur une chaise et placez en face de vous une chaise vide. Imaginez-vous dire à votre corps sur la chaise d'en face toutes vos critiques. Videz bien votre sac. Ne lui faites pas de cadeau. Ensuite, changez de chaise et prenez la place de votre « corps malmené ». Que répondriez-vous à la personne qui vient de le critiquer vertement — en l'occurrence, vous-même insatisfaite de votre corps ? Faites preuve de compassion pour lui. Soyez son avocate. Défendez-le contre vos attaques précédentes. Ensuite, proposez un compromis entre les parties adverses, en vous plaçant sur une troisième chaise située entre les deux premières chaises symbolisant des adversaires *a priori* irréconciliables. Devenez la voix de la conciliation et de la pacification, la voix de la raison éclairée.

➤ Percevez correctement votre corps

De nombreuses personnes boulimiques surestiment les dimensions de leur corps ou de certaines parties corporelles, ce qui accentue leur insatisfaction corporelle. Elles se voient grosses, donc se croient grosses et sont insatisfaites de leur corps. Souvenez-vous de la métaphore du daltonien qui s'ignore et du « raisonnement émotionnel » !

Pour avoir une appréciation plus réaliste des dimensions de votre corps, répondez par écrit aux questions suivantes en vous reportant aux silhouettes féminines ci-après.

— D'après votre impression première, quelle est la silhouette qui vous correspond le mieux ? Fiez-vous à vos émotions pour vous placer parmi les silhouettes.

— Comment pensez-vous être ? Utilisez votre raison pour répondre.

— Comment les autres vous voient ? Où une personne objective et de confiance vous situerait parmi ces silhouettes ?

— Quelle est votre silhouette idéale pour vous-même ?

— Quelle est la silhouette correspondant à votre idéal féminin ?

— Selon vous, quelle silhouette marque le début du surpoids ?

— Selon vous, quelle silhouette marque le début de l'obésité ?

— Selon vous, quelle silhouette marque le début de la maigreur ?

— Selon vous, quelle silhouette marque le début de l'anorexie ?

— Selon vous, où se situent la plupart des jeunes femmes de votre âge et de votre taille ?

— Quelle silhouette correspond réellement à votre poids actuel ? Pour déterminer la silhouette qui vous correspond réellement, calculez votre IMC (voir p. 136), puis trouvez la silhouette qui y correspond le plus. Les IMC de chaque silhouette se trouvent en dessous des numéros des silhouettes.

Que vous a fait découvrir ce petit exercice ?

Que vous vous vivez comme beaucoup plus grosse que vous ne le souhaitez (écart entre votre impression première et votre idéal) ?

Que la silhouette correspondant à votre poids actuel — votre apparence réelle — est plus prête de votre idéal personnel et féminin que vous ne l'auriez cru ?

Que votre raison est plus proche de la vérité que votre impression première, c'est-à-dire vos émotions ?

Que les autres partageraient votre « opinion rationnelle » ?

Que le surpoids (les silhouettes 9 et 10 correspondent à des personnes en surpoids) et l'obésité (l'obésité commence à un IMC de 30) commencent bien au-delà de ce que vous croyez ?

Que la maigreur (les silhouettes 3 et 4 correspondent à des personnes en sous-poids) et l'anorexie (les silhouettes 1 et 2 correspondent à des personnes anorexiques) commencent bien avant ce que vous ne pensez ?

Que vous flirtez avec un idéal d'anorexie ?

Sachez enfin que la plupart des jeunes femmes ont un IMC de 21, ce qui correspond aux silhouettes 5 ou 6. Les silhouettes de 5 à 8 correspondent à des poids normaux et sains.

SILHOUETTES FÉMININES*

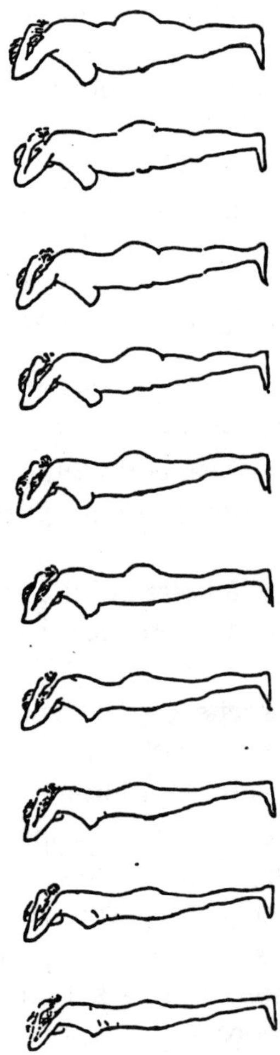

Silhouettes n°	Indice de masse corporelle correspondant
1	15,65
2	16,85
3	18,05
4	19,26
5	20,40
6	21,60
7	22,77
8	24,08
9	25,39
10	27,01

* A. Mouches, JTCC, 2, 3, 8-14, 1992 .

Si vous en avez le courage, demandez à plusieurs personnes de confiance de votre entourage de vous situer parmi ces silhouettes. Ces avis concordent-ils avec le vôtre ? Si non, pourquoi pas selon vous ? Ces avis extérieurs divergent-ils beaucoup les uns des autres ? Pourquoi toutes ces personnes vous mentiraient ? Qui a raison, vous et/ou les autres ? Il est probable que les personnes interrogées répondent avec leurs yeux et que vous vous perceviez avec vos sentiments. Leurs réponses sont objectives, la vôtre parfaitement subjective. C'est une illustration du « raisonnement émotionnel » vu plus haut : « Ce que je pense ou ce que je ressens correspond à la réalité ! » Pour vous en convaincre, pensez très fort que vous allez gagner au Loto. Concentrez-vous très fort et dites : « Je vais gagner. Je le veux. » Voyez-vous riche. Si vous achetez maintenant un billet de loterie, est-ce que cette rêverie peut vous faire gagner réellement le gros lot et vous rendre riche ? Le produit de notre imagination ne correspond pas toujours à la réalité ! Souvenez-vous : vous êtes une « daltonienne qui s'ignore ». Vous ne pouvez pas faire confiance à votre impression d'être trop grosse. Utilisez votre raison plutôt que votre émotion pour évaluer votre apparence physique.

➤ Confrontez-vous à votre image

Des exercices de confrontation au miroir peuvent vous être bénéfiques. Sous certaines conditions, se regarder de pied en cap dans un miroir réduit l'insatisfaction corporelle, améliore la perception des dimensions du corps et, en fin de compte, améliore la confiance en soi et réduit l'humeur basse.

Placez-vous à un mètre d'un grand miroir qui renvoie en entier l'image de votre corps. Observez attentivement votre corps, d'abord en entier, puis partie par partie. Détaillez-le de plus en plus. Quelles sont ses caractéristiques ? Ses formes ? Ses dimensions ? Ses couleurs exactes ? Ses textures ?...

Soyez le plus objectif possible. Décrivez-le de façon neutre, sans aucun jugement ! Abstenez-vous de tout commentaire évaluatif du style : « c'est beau, c'est laid » ou « j'aime, je déteste ». Décrivez-le comme si un dessinateur qui ne vous voyait pas devait dessiner votre corps le plus fidèlement possible. Des commentaires de votre part comme « j'ai des hanches trop grosses, à faire fuir… » ne lui seraient d'aucune utilité dans sa tâche. Contentez-vous de vous observer et de vous décrire le plus objectivement possible ! Si besoin, placez un objet devant le miroir, une chaise par exemple, et exercez-vous à observer et décrire, de façon neutre et objective, cet objet avant de faire l'exercice sur vous-même. Considérez que votre corps est un objet comme un autre à décrire tout simplement !

Pour être profitable, cet exercice doit se faire durant à peu près une heure et de façon répétée, autant de fois que nécessaire pour vous habituer à votre apparence, l'apprivoiser et l'accepter comme elle est, ni plus ni moins.

Commencez par vous regarder tout habillée. Quand vous vous sentirez parfaitement à l'aise dans ces conditions, portez des vêtements plus ajustés à votre corps comme une tenue de gymnastique et recommencez l'exercice jusqu'au moment où vous vous sentez à l'aise dans cette tenue. Ensuite, habituez-vous à votre apparence en maillot de bain (une pièce puis en bikini) ou en sous-vêtements.

Quand vous pourrez vous accepter en bikini ou en sous-vêtements, observez-vous dans le miroir après vous être pesée, après avoir mangé, après une dispute… Variez ainsi les contextes de confrontation au miroir.

Vous pouvez vous aider de votre respiration pour affronter ces situations anxiogènes, avant, pendant ou après chacun des exercices de confrontation proposés ci-dessus.

Attention ! Ne réalisez ces exercices de confrontation au miroir que si vous vous en sentez capable ! Prenez tout votre temps avant de passer à un niveau supérieur de difficulté. Il n'est pas nécessaire de vous forcer à faire des exercices trop difficiles. Sachez aussi que ce type d'exercice peut déclencher des crises d'angoisse ou de boulimie si cela vous stresse trop.

RESPIREZ POUR VOUS RELAXER

À l'inspiration, sortez le ventre. À l'expiration, rentrez le ventre. Inspirez souplement en comptant intérieurement jusqu'à trois, marquez une pause d'une seconde (apnée), puis expirez lentement, par le nez ou la bouche, en comptant intérieurement jusqu'à cinq, puis marquez une pause d'une seconde (apnée) et recommencez à inspirer. Songez à sortir le ventre à l'inspiration et à le rentrer à l'expiration. Freinez bien votre expiration. Soufflez l'air lentement par le nez ou par la bouche à peine entrouverte.

Concentrez-vous sur la respiration. Pensez au trajet de l'air qui entre par le nez et descend dans vos poumons pour atteindre votre ventre qui se gonfle. Visualisez ensuite le trajet inverse de remontée de l'air de votre ventre jusqu'à votre nez ou votre bouche, en passant par vos poumons. Sentez l'air frais qui entre à l'inspiration et l'air plus chaud qui ressort à l'expiration.

Aussi allez pas à pas ou faites-vous aider pour y arriver. Par exemple, faites ces exercices avec votre thérapeute (de préférence une femme) ou une excellente copine. Si nécessaire, demandez-lui de rester avec vous après l'exercice et de faire une activité distrayante pour vous aider à retrouver votre calme et ne pas vous précipiter sur la nourriture. Si vous n'arrivez pas à faire ce genre d'exercice, ne vous tracassez pas ! Ce n'est pas grave ! Il y a d'autres moyens pour améliorer son insatisfaction corporelle.

➤ Vivez au quotidien en harmonie avec votre corps

Dans les situations de la vie quotidienne, vous pouvez progressivement vous exposer à votre apparence corporelle. Portez des vêtements moins amples, plus courts, moins foncés... Osez aller danser, nager, au sauna... La clef de la réussite est la confrontation progressive et régulière à votre corps, en le dissimulant de moins en moins à vos yeux et à ceux des autres ou en contrôlant de moins en moins votre apparence et votre poids. Si vous fuyez constamment votre apparence, affrontez vos peurs. Si vous surveillez votre apparence et votre poids, libérez-vous de votre miroir et de votre balance. Apprenez à vivre sans être obsédée par votre corps. Acceptez-le tel qu'il est. Laissez-le vivre !

Soignez votre corps comme on soigne un enfant, avec respect et gentillesse. Choyez-le tendrement. Laissez-le en paix. Ne lui imposez pas des exercices harassants ou des châtiments corporels qu'il n'a pas mérités. Appliquez-lui des crèmes de soin. Prenez de longs bains chauds réconfortants. Lavez votre corps avec une éponge naturelle. Acceptez des massages. Maquillez-vous. Portez des bijoux. Habillez-vous selon vos goûts... Vivez en bonne entente avec votre corps. Faites-en un ami, un compagnon de route. Votre corps, c'est vous.

Améliorez votre estime de soi

Comment vivre en meilleure harmonie avec soi-même ? Voici quelques pistes pour avoir une meilleure opinion de soi, s'accepter davantage avec ses défauts et avoir plus confiance en soi.

➤ Faites l'historique de votre estime de soi

Retracez l'histoire de votre estime personnelle. Que pensez-vous de vous-même ? Quand avez-vous commencé à douter de vous ? Dans quelles circonstances ? Comment cette perte de confiance en vous a-t-elle évolué dans le temps ?

Vous découvrirez ainsi que vous êtes le produit de votre histoire, que vous vous êtes construit une représentation négative de vous-même au cours du temps, sans doute en réaction à des événements de vie qui ont sabordé votre confiance en vous. Vous gardez en mémoire une idée générale négative de

10 TRUCS POUR SYMPATHISER AVEC VOTRE CORPS

1. Rendez-vous compte tous les jours de tout ce que votre corps vous permet de faire (marcher, danser, respirer, rire, rêver...).
2. Dressez une liste des 10 choses que vous appréciez le plus chez vous et qui n'ont rien à voir avec votre apparence physique ou votre poids. Relisez-la régulièrement. Réactualisez-la régulièrement.
3. Rappelez-vous que la vraie beauté est intérieure. Ce qui compte le plus, c'est la personne que vous êtes réellement, pas votre apparence physique. La beauté est un état d'esprit, pas un trait physique.
4. Regardez-vous en entier quand vous observez votre apparence physique. Ne vous focalisez pas sur des détails ou des parties de votre corps. Regardez-vous vous-même comme vous souhaitez que les autres vous voient, c'est-à-dire comme une personne entière et pas comme un ventre, un fessier, un nez...
5. Entourez-vous de personnes positives pour vous. Ces personnes vous aiment comme vous êtes. Elles vous donnent confiance en vous et en votre physique.
6. Faites taire la petite voix à l'intérieur de votre tête qui vous dit : « Tu n'es pas bien. » Critiquez ses arguments. Ne la laissez pas vous déstabiliser.
7. Faites taire les personnes qui se permettent des commentaires désobligeants sur votre apparence ou votre poids. Défendez-vous. Exigez le respect de votre personne.
8. Portez des vêtements qui respectent votre corps. Ne lui imposez pas des vêtements qui le compriment, le masquent ou le font passer pour différent de ce qu'il est.
9. Soyez critique vis-à-vis de la société. Ne vous laissez pas manipuler par l'exploitation commerciale de la mode. Dénoncez le diktat de la minceur pour toutes dans la presse féminine et les médias.
10. Consacrez le temps que vos préoccupations alimentaires, corporelles et pondérales vous prennent à aider les autres. Oubliez votre petite personne. Vous ouvrir aux autres peut vous rendre confiance en vous.

(D'après *National Eating Disorders Association*, 2002 : www.nationaleatingdisorders.org)

vous, sans plus jamais la remettre en question, l'amender ou la nuancer.

➤ **Reconnaissez-vous des qualités**

Écrivez une liste de vos qualités et de vos défauts physiques et psychologiques. Ensuite, demandez à une ou plusieurs personnes proches (une amie, un copain, une sœur...) de dresser par écrit une telle liste à votre propos et de vous la remettre. Enfin, écrivez vous-même une liste à propos d'une des personnes à qui vous avez demandé ce service.

Prenez d'abord votre liste personnelle sur vous-même. Que constatez-vous ? Que vous n'avez aucun mal à vous trouver des défauts mais que vous avez toutes les peines du monde à vous trouver des qualités ? Que votre liste comporte plus de caractéristiques physiques que de caractéristiques psychologiques ? Que vos qualificatifs sont plus évaluatifs que descriptifs ou neutres ?

Maintenant, comparez votre propre liste sur vous-même avec celle que les autres personnes ont écrite sur vous. Que remarquez-vous ? Qu'il leur est aisé de vous trouver des qualités et plus difficile de vous reconnaître des défauts ? Que leur liste comporte plus de traits psychologiques que de traits physiques de vous ? Que ces personnes vous trouvent des qualités que vous ne vous reconnaissez pas et qu'elles ignorent des défauts que vous vous octroyez ? Que leurs qualificatifs sont autant évaluatifs que descriptifs ou neutres ?

Apparemment, à comparer ces listes, vous et eux ne parlez pas de la même personne ! Comment comprendre une telle différence ? Ces personnes voudraient-elles vous tromper ? Pour le savoir, reportez-vous à la liste que vous avez dressée d'une des personnes qui vous a décrite. Que constatez-vous ? Que votre liste sur elle est plus semblable aux listes des autres sur vous que la vôtre sur vous ? Donc, ces personnes ne vous ont pas plus épargnée que vous-même n'avez épargné la personne que vous avez évaluée ! Leur avis est crédible. Pour vous en convaincre davantage, comparez mieux les avis de ces différentes personnes sur vous. Vous observerez sans doute une certaine unanimité entre elles. C'est une indication que vous êtes perçue de façon assez concordante comme une « meilleure » personne que vous ne le pensez vous-même.

Seriez-vous moins critique à leur égard qu'à votre égard ? Seriez-vous plus dure avec vous-même qu'avec autrui ? Pourquoi une telle injustice à votre encontre ? Quel crime avez-vous donc commis pour mériter un si mauvais traitement ?

À présent, complétez votre propre liste sur vous avec les évaluations des autres sur vous. Distinguez ces nouveaux qualificatifs en utilisant un stylo de couleur différente. Vous obtiendrez ainsi une liste plus exhaustive de vos qualités et défauts.

Enfin, modifiez de façon plus nuancée et plus objective cette nouvelle liste. Préférez les mots descriptifs, neutres aux mots plus évaluatifs, souvent polémiques et autoaccusateurs. Faites la chasse aux mots « absolutistes », sans nuance, en tout ou rien, les « toujours, jamais, entièrement... ». Précisez dans quelles circonstances les qualificatifs s'appliquent à vous et dans quelles circonstances ils ne le font pas. Refusez de vous enfermer vous-même dans des « stéréotypes figés ». Vous ne réagissez pas mal systématiquement et en toutes circonstances ! Nuancez vos propos sur vous-même. Soyez précise et exacte dans les termes utilisés. Évitez les expressions à l'emporte-pièce.

➤ Soyez fière de vous

Notez tous les jours dans un agenda au moins une source de fierté personnelle. Si possible, trouvez-en plusieurs, par exemple une le matin, une l'après-midi et une le soir. Si vous n'y arrivez pas seule, demandez l'aide d'un de vos proches. Pensez au type d'actions que vous approuveriez chez autrui et voyez si vous-même ne pouvez pas vous octroyer de pareils mérites. N'oubliez pas que vous êtes particulièrement sévère avec vous-même. Il n'est pas nécessaire d'avoir réalisé des exploits ou des « hauts faits d'arme » pour être quelqu'un de bien. Reconnaissez-vous des mérites pour des actions ordinaires, qui vous demandent personnellement un certain dépassement de vous. Se reconnaître de la valeur pour ses actions quotidiennes ne constitue en aucune manière de la complaisance envers soi-même. Bien au contraire, c'est se respecter et mettre un terme à l'autodénigrement permanent.

➤ Apprenez à vous connaître

Qui êtes-vous ? Que voulez-vous ? L'estime de soi passe par une reconnaissance d'une identité propre et de ses buts personnels.

Pour vous aider à vous cerner vous-même, écrivez votre « carte d'identité ». Dressez une liste de vos besoins, envies et droits. Reportez-vous éventuellement à la Déclaration universelle des droits de l'homme et adaptez-la pour en faire votre propre charte !

Répondez par écrit aux questions suivantes. Complétez et corrigez vos réponses au fil du temps. Ne vous désespérez pas de ne pas toujours trouver de réponses à ces questions faussement faciles. Écrivez juste ce qui vous correspond : il n'y a ni bonnes ni mauvaises réponses.

Voici encore quelques énigmes à résoudre pour vous découvrir vous-même.

— Avant de mourir, que voudriez-vous faire ? Imaginez-vous mourir dans une heure et répondez en conséquence. Ensuite, imaginez mourir dans un jour, dans une semaine, dans un mois, dans six mois, dans un an, dans cinq ans, dans dix ans, dans vingt ans, dans trente ans… et dites ce que vous voudriez faire d'ici là.

— Qu'emporteriez-vous sur une île déserte ? Quoi ou qui ? Pourquoi ?

— Que n'emporteriez-vous certainement pas sur votre île ? Quoi ou qui ? Pourquoi ?

VOTRE CARTE D'IDENTITÉ

Qui suis-je ?

— Qu'est-ce que j'aime dans la vie en général ?
— Qu'est-ce que je n'aime pas dans la vie en général ?
— Qu'est-ce que j'aime dans MA vie ? De quoi suis-je satisfaite ?
— Qu'est-ce que je n'aime pas dans MA vie ? De quoi suis-je insatisfaite ?
— Quelles sont mes sources de bien-être ?
— Quelles sont mes sources de mal-être ?
— Quels sont mes droits fondamentaux ? Sont-ils respectés ? Par qui ? Comment ? Pourquoi ?
— Quels sont mes besoins fondamentaux ? Sont-ils satisfaits ? Par qui ? Comment ? Pourquoi ?
— Quelles sont mes envies ? Sont-elles comblées ? Par qui ? Comment ? Pourquoi ?
— Quels sont mes regrets ?
— Quelles sont mes valeurs ? Quels sont mes idéaux ?

Qui voudrais-je être ?

— Quel avenir j'entrevois pour moi ? Quels sont mes projets ? Quels sont mes espoirs ?
— Quelle est ma « mission » sur terre ? Quel est mon rôle dans la vie ?
— Ma vie actuelle correspond-elle à la vie que je souhaite ? Suis-je la personne que je veux être ? En quoi oui ? En quoi non ? Ai-je les moyens de devenir cette personne ? Comment ? Que se passerait-il si je ne devenais pas cette personne ? La boulimie (mes préoccupations pour mon poids et ma silhouette, mon régime, mes boulimies, mes purges, mon isolement...) m'aide-t-elle ou non à devenir cette personne ? Comment ?

— Si vous aviez une baguette magique, qu'en feriez-vous ? Vous pouvez l'utiliser pour réaliser vos vœux dans le passé, le présent ou le futur. Vous pouvez réaliser des vœux pour vous-même, autrui ou pour changer le monde, par exemple supprimer les guerres à tout jamais. Utilisez autant de fois votre baguette que vous le souhaitez.

➤ Affirmez-vous

Maintenant que vous vous connaissez davantage, pour être en accord avec vous-même, il faut vous affirmer : oser être la personne que vous êtes ou souhaitez devenir. Comportez-vous conformément à vos inclinaisons naturelles ou à vos aspirations. Exprimez ouvertement vos opinions et vos sentiments. Ne soyez pas timide. Soyez vous-même. Si vous pensez blanc, dites blanc. Si vous ressentez noir, montrez noir. Si vous voulez faire rouge, faites rouge. Vous découvrirez ainsi que vous aussi vous pouvez vivre telle que vous êtes réellement et qu'il n'est pas nécessaire de jouer la comédie, ni à vous ni aux autres. Mettez de la couleur dans votre vie. Faites-en un arc-en-ciel multicolore. Vous verrez que les autres peuvent vous accepter différente, plus affirmée et plus sûre de vous. Soyez indulgente avec vous-même et avec... les autres. Acceptez de ne pas y arriver tout de suite. Laissez le temps aux autres de s'habituer à votre « renaissance ». Dans tous les cas, persévérez. Cela en vaut vraiment la peine. Vous (re)trouverez votre liberté.

Diminuez votre perfectionnisme

La personne perfectionniste juge sa valeur personnelle en fonction de la poursuite et de l'obtention de buts élevés dans un domaine particulier où elle entend briller (les études, le sport, le violon, la minceur...). Les personnes boulimiques assimilent la valeur personnelle à la minceur et la réussite personnelle au contrôle de leur alimentation. « Je suis d'autant meilleure que je parviens à modeler mon corps ou à résister à la nourriture », résume cette façon de s'apprécier. Cette manière d'évaluer sa valeur n'est pas sans conséquences négatives : déception de soi, anxiété d'échec, isolement, humeur triste...

La personne perfectionniste se fixe des buts personnels difficiles à atteindre, voire irréalistes (par exemple, un poids trop bas, une silhouette de mannequin, un régime hypocalorique...). Elle évalue en permanence la qualité de ses performances et est très sensible à la moindre erreur ou au moindre écart par rapport à l'obtention de ses buts démesurés. Elle juge en tout ou rien ses prestations : soit elle réussit parfaitement son entreprise, soit elle estime la rater complètement. Si elle rate, elle se critique et se fixe à nouveau les mêmes buts. Si elle atteint ses objectifs initiaux, elle ne s'en contente pas et se fixe de nouveaux buts plus élevés, plus ambitieux. En bref, quel que soit son niveau de performance, elle est insatisfaite d'elle et se remet à l'ouvrage. Jamais elle ne se repose sur ses lauriers.

Le bon côté de votre perfectionnisme est de vous simplifier la vie, de vous procurer de la structure et du contrôle sur votre vie ; de vous sentir valorisée socialement ; d'éviter des échecs objectifs et de vous sentir accomplie.

Le revers de la médaille est une perte de temps considérable ; un isolement social ; une peur permanente d'échouer ; une réduction de vos intérêts ; une humeur instable et une tendance à reporter les tâches à accomplir, de peur de les rater ou par aversion tant ces tâches vous demandent du temps et de l'énergie.

Le premier pas pour vaincre votre perfectionnisme excessif est de le reconnaître comme un problème, comme outrancier et source de mal-être. Faites une liste des avantages et des inconvénients de votre perfectionnisme. Jugez par vous-même des bénéfices et coûts que votre perfectionnisme occasionne. Le perfectionnisme excessif conduit à une « victoire à la Pyrrhus » : on laisse beaucoup de plumes dans la bataille et la victoire est éphémère.

Pour réduire votre insatisfaction personnelle et votre peur de l'échec, diversifiez et assouplissez vos moyens habituels d'évaluer votre valeur personnelle. Plus vous considérerez de domaines de compétence, moins vous serez déçue par vous. Il n'est pas sage de mettre tous ses œufs dans le même panier.

Vous avez d'autres domaines de compétence que la nourriture, le poids et le corps : vos hobbies, vos amis, vos capacités culinaires, votre débrouillardise… Acceptez aussi des demi-succès. Il n'est pas raisonnable de vouloir toujours réussir parfaitement tout ce que l'on entreprend.

Diminuez vos prétentions, faites-en moins et constatez les effets de ces buts restreints et de ces efforts limités. Osez prendre des risques plutôt que chercher à assurer coûte que coûte. Votre performance s'écroule-t-elle du tout au tout ? N'êtes-vous plus rien ? Ne parvenez-vous pas à survivre à une réussite partielle, à un échec partiel ou à un échec total ? Chaque performance est-elle déterminante pour la suite ? Est-ce que votre vie en dépend vraiment, pour toujours ? N'y a-t-il pas moyen de vous rattraper si nécessaire ? N'avez-vous pas des « circonstances atténuantes » pour expliquer votre moindre réussite ? Qu'en dirait une personne proche de confiance ? Que diriez-vous vous-même à une personne qui réussirait moins bien qu'à l'accoutumée ?

Acceptez l'incertitude : la possibilité de vous tromper ou de rater. Exposez-vous volontairement à la possibilité d'échouer sans chercher à vous protéger exagérément du moindre échec.

Demandez-vous d'où ces exigences personnelles vous viennent. Avez-vous réellement décidé de vous comporter suivant des standards élevés ou vous sentez-vous obligée d'agir ainsi ? Réévaluez vos standards personnels et réduisez vos autocritiques. Arrêtez d'excuser les autres et de vous condamner vous-même pour les mêmes actions. Devenez indulgente avec vous-même.

Prenez conscience que vous ne retenez que vos « échecs » et que vous oubliez ou banalisez vos réussites. Apprenez à repérer vos « succès », aussi minimes soient-ils.

Apprenez à vous distraire et à vous reposer. Vous n'êtes pas une « bête de somme ». Une journée équilibrée devrait comporter des périodes d'activités obligatoires (« contraintes »), de loisirs (« temps libres ») et de repos (« farniente »).

Améliorez vos relations interpersonnelles

Une grande partie de notre bien-être tient à la qualité de nos relations avec les personnes de notre entourage. Par exemple, la perte d'une personne chère, des disputes incessantes avec des personnes importantes à nos yeux, un manque de savoir-faire social, la peur du regard d'autrui et la solitude nous dépriment, nous rendent anxieux et nous font douter de nous.

La boulimie traduit souvent une réaction de détresse ou une insatisfaction dans nos relations aux autres.

C'est en partie le cas chez Dorothée qui s'isole et déprime du fait qu'elle s'estime stupide et inintéressante pour les personnes de son âge.

La boulimie perturbe aussi considérablement les relations avec l'entourage. Elle entraîne des réactions d'incompréhension, voire d'hostilité, et conduit la personne boulimique à s'isoler de plus en plus du monde.

Ainsi, Dorothée est en dispute permanente avec ses parents, qui lui reprochent de ne rien faire pour aller mieux. Elle reste toute la journée chez elle à étudier et à nettoyer ; elle ne voit plus personne, si ce n'est les commerçants de son quartier.

Avant de vouloir changer vos relations avec les personnes de votre entourage, faites la liste des personnes qui ont de l'importance pour vous ou ont une influence sur vous et votre bien-être. Pour chaque personne, décrivez brièvement le type de relations que vous entretenez actuellement avec elle, celles qui vous unissaient avant la boulimie ou à son début et celles que vous aimeriez avoir avec elle plus tard. Précisez ce qui vous plaît et vous déplaît dans ces relations. Cherchez à en comprendre les raisons. Demandez-vous le rôle que ces personnes auraient pu avoir dans le développement de votre boulimie ou pourraient avoir actuellement dans son maintien. Interrogez-vous aussi sur votre propre rôle dans ces relations et enfin sur le rôle ou l'influence de votre maladie dans ces relations.

Si vous souhaitez modifier l'une ou l'autre de ces relations, précisez pourquoi et comment y arriver. Identifiez les obstacles qui pourraient vous en empêcher, comme la peur de heurter une personne si vous lui disiez ce que vous pensez d'elle réellement. Cherchez des moyens concrets pour dépasser ces obstacles, comme se dire que les risques de heurter cette personne sont faibles si vous affichez votre opinion en restant polie et courtoise. Si vous n'y arrivez pas toute seule, cherchez à obtenir l'aide d'une personne de confiance pour y réfléchir avec vous.

Changer des relations humaines prend du temps. Ne vous découragez pas trop vite. Si vous n'y arrivez pas malgré vos efforts, demandez-vous si vos objectifs sont réalistes et si vous vous y prenez de la bonne manière. La meilleure façon est de dire clairement à la personne ce qui ne va pas d'après vous dans votre relation et ce que vous souhaiteriez voir changer. Souvent, on n'ose pas dire ce qui nous dérange ou on le fait savoir mais indirectement ou insuffisamment pour être bien compris. Une fois au courant de notre opinion et de nos souhaits, la personne avec qui nous voulons améliorer nos relations devient un partenaire dans un processus de négociation. N'oubliez pas que demander un changement chez autrui n'est pas suffisant pour que la personne change et que parfois il faut changer soi-même certains comportements et attitudes pour améliorer la relation. L'aide d'un thérapeute peut être utile, quand la communication est devenue très difficile.

Dorothée ne supporte plus de manger en famille. À table, elle se sent épiée par sa mère. Son père la suit partout après les repas. Il redoute qu'elle n'aille se faire vomir. Dorothée n'en peut plus de cette ambiance de suspicion. Elle se sent jugée et condamnée. Des disputes éclatent souvent entre ses parents pour savoir quelle attitude adopter à son égard. Sa mère préconise la douceur et la patience, son père la fermeté et l'action. Rien ne va plus en famille. Dorothée s'en veut des conflits familiaux mais ne décolère pas contre son père. Lors d'un entretien de famille avec son psychologue, Dorothée est parvenue à expliquer à ses parents ce mélange de tristesse, de culpabilité et de colère à leur égard. Les parents ont alors mieux compris la détresse de leur fille et lui ont proposé leur aide. Dorothée a accepté qu'ils l'empêchent de vomir après les repas, en jouant ensemble à un jeu de société ou en faisant une promenade. Au cours de ces promenades, Dorothée et son père ont appris à se parler.

Pourquoi ne pas expliquer à vos proches ce que vous vivez, à savoir les tourments de la boulimie et leurs raisons ? De nombreuses personnes boulimiques ont tellement honte de leurs comportements qu'elles n'osent pas en parler à leurs proches ou bien elles minimisent leur détresse de peur d'ennuyer, de déranger.. ou d'être critiquées. Et pourtant, briser le silence, partager sa souffrance est un bon moyen d'en venir à bout... pour peu que l'entourage soit réceptif et prêt à aider.

Pour sensibiliser vos proches à vos difficultés, vous pouvez leur conseiller la lecture d'un livre comme celui-ci et en discuter avec eux ensuite. Vous pourriez aussi leur faire lire la lettre que vous avez adressée à votre boulimie considérée comme votre amie et à votre boulimie considérée comme votre ennemie. Vos proches comprendront ainsi que derrière les problèmes de nourriture, de poids et de silhouette se dissimulent des problèmes psychologiques d'une autre nature, beaucoup plus personnels, avec lesquels vous vous débattez. Comprenant mieux vos difficultés, ils seront sans doute moins critiques à votre égard

N'hésitez pas à associer vos proches à votre processus de guérison pour maximiser vos chances de réussite. Vos proches vous en seront reconnaissants. Souvent l'entourage est hostile car il se sent floué et impuissant. Il se trouve confronté à une personne irritable qui dénie ses problèmes ou les fuit. Lui demander de l'aide le soulagera. Cette demande d'aide sera comprise souvent comme une reconnaissance explicite de vos problèmes et un désir de changement. Votre entourage et vous-même avez tout intérêt à collaborer dans la résolution de vos problèmes.

Une fois l'aide de votre entourage obtenue, négociez avec lui ce que vous en attendez précisément. Par exemple, manger avec vous, vous aider à définir des quantités de nourriture normales, rester à table avec vous après le repas, parler avec vous de vos doutes sur vous et de vos tracas… N'acceptez pas de la part de votre entourage des exigences qui vous paraîtraient déraisonnables ou au-dessus de vos forces. Gardez la main dans le processus de négociation.

Si vos relations avec vos proches restent tendues malgré vos efforts d'ouverture et de collaboration, demandez l'appui de votre médecin ou d'un psychothérapeute — psychologue ou psychiatre — pour expliquer à vos proches que la boulimie est une maladie et que sa guérison passe par une collaboration étroite entre la personne malade et son entourage familial. Cela implique non seulement des efforts de votre part mais aussi un changement d'attitude de la part de l'entourage.

Pour apprendre à vous affirmer davantage et à mieux communiquer avec votre entourage, vous pouvez vous reporter aux livres pratiques conseillés en fin d'ouvrage. Il existe des groupes thérapeutiques appelés « groupes d'affirmation de soi », animés par des psychologues ou des psychiatres, qui peuvent vous aider à améliorer vos relations avec les autres. Renseignez-vous pour en trouver près de chez vous.

À noter

La plupart des traitements psychologiques de la boulimie visent à améliorer la communication et l'affirmation de soi.

Troisième étape : maintenez vos changements

Prévenez les rechutes

Une fois les crises de boulimie et les purges en forte régression, comment maintenir les acquis ? Comment ne pas rechuter ?

Si changer de comportement est une entreprise difficile, conserver les nouvelles habitudes l'est tout autant. Pour garder le bénéfice de vos actions, la première règle est de persévérer dans vos efforts. La bataille n'est jamais totalement gagnée. Restez vigilante et prête à (ré)agir en cas de contre-offensive de la maladie.

La boulimie est votre point faible. C'est une manière de réagir dans l'adversité. Vous n'êtes pas à l'abri de rechutes pendant des périodes de vie difficiles, plus stressantes. Vous aurez sans doute encore à l'occasion des boulimies et/ou des purges. Le savoir et l'accepter est fondamental. Sans cela, vous désespérerez à la moindre récidive de boulimie ou de purge, vous laisserez tomber les bras et ne lutterez plus activement contre votre ennemie renaissante.

Ne dramatisez pas en cas de rechute

N'oubliez pas que vous avez connu des hauts et des bas durant le traitement actif de votre boulimie. Attendez-vous à en connaître encore dans la poursuite de vos efforts. C'est tout aussi normal de progresser « par à-coups » durant le traitement que de se maintenir de façon intermittente dans l'après-traitement.

Avoir encore de temps à autre des boulimies et/ou des purges est certes décourageant, mais ce n'est pas en soi une entrave pour le maintien de vos acquis. Ce n'est problématique que si vous (et votre entourage) dramatisez la situation, désespérez, vous blâmez et en fin de compte renoncez à vos efforts.

Ne confondez surtout pas un « accident de parcours » — des crises de boulimie ou des purges isolées et d'intensité modérée — avec une véritable rechute dans la maladie.

Pour garder le moral et l'espoir en cas de boulimies ou de purges récidivantes, souvenez-vous de vos signes concrets de progrès par rapport au tout début de votre autotraitement. Même s'il vous arrive encore de trop manger ou de vous purger, vous avez sans doute globalement moins de boulimies et de purges qu'avant. Celles-ci sont certainement moins fortes en intensité : elles vous prennent moins de temps ; vous mangez moins lors des crises ; vous vous purgez plus tard, moins souvent ou moins violemment... Quoi qu'il arrive, vous vous sentez toujours en meilleure forme physique (moins de douleurs, de ballonnements, de constipation, de fatigue, de vertiges, de troubles de la concentration...) et psychologique (moins honteuse, moins isolée, moins déprimée, moins irritable...) qu'au début. Vous n'avez pas tout perdu parce que vous n'arrivez pas toujours à vous contrôler parfaitement ! Rappelez-vous que chez vous « le mieux est l'ennemi du bien ».

Comment réagir en cas de rechute

En cas de risque de rechute ou de début de récidive, reprenez les anciennes stratégies qui vous ont aidée[4]. Reprenez votre traitement de façon plus systématique.

• Prenez le temps de réfléchir à ce qui vous arrive. Remplissez à nouveau votre carnet alimentaire pour identifier et solutionner les « causes » de votre vulnérabilité actuelle : une alimentation restrictive ou irrégulière, des conflits de couple, un stress professionnel, le départ d'un ami... Mangez-vous normalement ? Quelles difficultés de vie rencontrez-vous ? Comment en venir à bout ? Qui pourrait vous y aider ? Définissez un plan d'action jour après jour et réévaluez chaque jour ses effets. Adaptez-le en conséquence.

• Vos auto-observations actuelles et passées vous indiquent les moments où vous êtes plus susceptible de faire une crise ou de vous purger. Prévoyez des activités incompatibles avec ces moments à risques. Ne laissez pas le hasard décider pour vous. Prenez les devants. Du mieux que vous le pouvez, empêchez la survenue des boulimies et des purges.

• Réinstaurez un schéma alimentaire régulier (3 repas et 2-3 collations par jour). Programmez les heures des repas et leur contenu. Mangez plutôt avec quelqu'un que seule. Après le repas, restez en sa compagnie ou trouvez une occupation pour éviter de penser au repas ou d'aller vomir. Quittez éventuellement le lieu du repas. Allez vous promener, accompagnée ou seule suivant les risques encourus et la disponibilité de la personne.

• Si nécessaire, achetez de la nourriture en plus petites quantités. Évitez de stocker des aliments. Faites des courses

---

4. Freeman, Ch. (1995). « Cognitive therapy », *in* Szmukler, G. *et coll.* (Eds.), *Handbook of Eating Disorders. Theory, Treatment and Research*. Chichester : Wiley.

plus régulièrement. Prenez moins d'argent sur vous pour vos courses. Faites-les à partir d'une liste écrite plutôt qu'« à l'inspiration » ou selon vos envies. Faites vos courses quand vous n'êtes pas affamée et éventuellement avec quelqu'un. Évitez aussi de vous retrouver dans la cuisine entre les repas.

• Si vous êtes à nouveau obnubilée par votre poids, pesez-vous une fois et une seule par semaine, à jour et heure fixes. Si vos préoccupations persistent malgré tout, renoncez à la balance. C'est une amie qui ne vous veut… que du mal. Quand vous doutez de votre attractivité physique, elle vous affole plus qu'elle ne vous réconforte. Elle vous « ment » et vous dit ce que vous lui demandez de « révéler ». Elle vous pousse à la faute : autoculpabilisation, démoralisation, régime, boulimies, purges, hyperactivité… Bref, tous les ingrédients de la rechute.

• Si vous vous sentez à nouveau obnubilée par votre silhouette, ne vous trompez pas de cible. C'est sans doute que vous vous sentez psychologiquement mal. Ce n'est pas que votre corps est devenu soudainement gros ou laid ! Vous passez sans doute un mauvais cap. Vous doutez à nouveau de vous et de votre physique. Plutôt que de vous en prendre à votre corps, identifiez vos difficultés réelles. Travaillez à la résolution de vos problèmes psychologiques et non pas physiques !

• Évitez aussi de dissimuler votre corps comme un objet de honte. Reprenez éventuellement un peu de sport, de préférence en compagnie de quelqu'un. Cela vous aidera à vous détendre et à mieux accepter votre corps. Évitez les exercices de forçat !

• N'hésitez pas à vous confier à une personne de confiance pour partager avec elle vos difficultés du moment. Parlez avec elle plutôt de vos doutes, de vos soucis et de vos peines que de vos boulimies, vos purges ou de votre peur de grossir.

• Enfin et surtout, soyez réaliste et indulgente. Fixez-vous des objectifs concrets, limités, progressifs et à court terme.

Considérez les résultats de vos entreprises « heure par heure » plutôt que « jour par jour ». Il est plus facile de « rater » une journée que toutes les heures d'une journée ! Soyez tolérante et patiente avec vous-même. Reconnaissez vos réussites, aussi petites et incomplètes soient-elles. Vous blâmer ne servira qu'à vous enfoncer vous-même. Vous féliciter et vous encourager vous-même vous feront avancer plus sûrement. Laissez le bâton pour les ânes ! Prenez plutôt la carotte, d'autant que cela ne fait pas grossir !

- Si votre plan d'action ne fonctionne pas comme vous le souhaitez, consultez (à nouveau) un (votre) thérapeute pour vous aider à passer le cap. N'ayez pas honte de faire appel à cette aide. C'est la meilleure chose que vous puissiez faire pour vous venir en aide à vous-même. Vous en avez besoin et vous le méritez. Pourquoi continuer à souffrir inutilement ?

Chapitre 9

Que peuvent faire les proches pour aider ?

Il est très difficile de rester impassible devant une personne proche souffrant de boulimie. La plupart des personnes vivant au contact d'une personne boulimique se sentent dépassées par la situation. Elles ne savent comment s'y prendre pour aider la personne aimée et craignent de mal agir. À la longue, certaines se désespèrent. D'autres se fâchent contre la personne malade. D'autres encore se culpabilisent et cherchent à réparer une faute présumée en faisant tout leur possible pour aider la malade. D'autres enfin se sentent touchées par la détresse de la personne boulimique et veulent lui venir en aide, en toute sympathie. La plupart des proches passent par ces différentes réactions pour aboutir en fin de compte à un constat cuisant d'impuissance face à la maladie.

Quelles que soient ou qu'aient été vos réactions face à la personne boulimique, vous souffrez. Pour vous aider à surmonter vos propres difficultés, nous vous proposons des conseils pour aborder la personne boulimique. Ces conseils visent autant à vous soulager qu'à venir en aide à la personne malade.

Notre livre vous a appris la nature de la boulimie, ses causes, son évolution, ses complications possibles et son traitement. Vous connaissez maintenant le rôle que jouent la famille et les proches dans le développement et le maintien de la maladie. Vous savez que la boulimie est une maladie complexe. Vous savez aussi qu'il existe des traitements utiles pour la soigner. Nous espérons que toutes ces informations vous auront aidé à mieux comprendre la maladie, rassuré, déculpabilisé et donné un nouvel espoir.

Ce que vous devez savoir avant de chercher à aider

Avant de vous conseiller, rappelons quelques points essentiels.

- *La boulimie est une réponse à une détresse*

Il ne s'agit ni d'un caprice, ni d'un manque de volonté, ni d'une faiblesse quelconque. La boulimie est un mode d'adaptation particulier dans un contexte de vie difficile, en réaction à des émotions négatives et à une image négative de soi. C'est une mauvaise solution face à de vrais problèmes psychologiques ou de vie.

- *La boulimie se soigne*

Si la personne n'est pas responsable de sa maladie, elle est responsable de sa santé et de sa guérison. C'est à elle à prendre en main son problème alimentaire, avec l'aide d'un professionnel de la santé et la vôtre.

- *La boulimie est multidéterminée et multifonctionnelle*

Il est par conséquent vain de chercher un coupable ou une explication unique de la maladie. La personne malade n'est pas à proprement parler responsable de sa maladie, pas plus que ne le sont sa biologie, son entourage ou la société.

- *Le changement est un processus long et difficile*

On ne change pas rapidement ses habitudes et sa façon de voir les choses. Il faut du temps à la personne boulimique pour se nourrir normalement, prendre le dessus sur ses crises de boulimie, renoncer à ses comportements de purge et de contrôle corporel et s'accepter physiquement et psychologiquement. La bataille n'est jamais gagnée d'avance. La victoire est précaire. Il faut une bonne dose de patience et de courage à la personne malade, à ses proches et aux thérapeutes pour voir disparaître la boulimie.

NOS CROYANCES DE THÉRAPEUTES À PROPOS DES PERSONNES SOUFFRANT DE BOULIMIE

— Les personnes boulimiques mènent une vie insatisfaisante.
— Elles ont de « bonnes raisons » de se sentir mal.
— Leurs réactions « pathologiques » sont des réactions de détresse, des « réactions normales de personnes malades ».
— Ces personnes souhaitent vivre mieux et aller mieux.
— Elles font du mieux qu'elles peuvent pour y arriver.
— Cependant, elles ont besoin de faire encore mieux et d'être plus motivées à changer. Pour y arriver, elles doivent vaincre certaines appréhensions à changer, y trouver des avantages, s'en sentir capables et être soutenues de l'extérieur dans cette démarche.
— Ces personnes n'ont sans doute pas personnellement causé ou voulu causer leurs problèmes actuels. Cependant, c'est à elles de les résoudre, seules ou avec l'aide d'autrui, leurs proches et/ou des soignants externes.
— Les malades doivent apprendre de nouveaux comportements pour surmonter leurs problèmes et améliorer leur vie. Comme tout changement de comportement est un processus long et difficile, elles doivent persévérer et être soutenues dans ce processus.
— Les proches et les soignants peuvent interférer en bien ou en mal dans le processus de motivation au changement et de changement effectif de comportement. Pour aider les malades à se soigner et à guérir, les proches et les soignants ont besoin de se remettre en cause, d'informations pratiques, de formations, de soutien et d'encouragements.

(D'après M. Linehan. *Traitement cognitivo-comportemental du trouble de personnalité état-limite*. Genève : Médecine & Hygiène, 2000.)

Conseils pour interagir avec une personne boulimique

Voici quelques conseils de base pour aborder une personne boulimique. Ces conseils valent autant pour ses proches que pour les professionnels de la santé travaillant avec elle.

• ***Parlez son langage.*** Discutez avec elle en reprenant ses expressions, les thèmes qu'elle aborde spontanément, ses intérêts du moment. Soyez concret et attentif à ce qu'elle vous dit. Soyez à l'écoute des émotions qu'elle vous communique, verbalement et non verbalement.

• ***Respectez sa singularité.*** Ne vous adressez pas à elle comme à une boulimique parmi d'autres. Chacune a son histoire propre, des goûts particuliers, une philosophie de la vie, ses blessures… Individualisez vos rapports.

• ***Proposez-lui une collaboration sous forme de discussions, de moments d'écoute et d'activités communes.*** Ne vous étonnez pas d'essuyer des refus. Continuez à lui proposer régulièrement votre aide, sans jamais la lui imposer. Pratiquez avec elle la politique de la main tendue.

• ***Exprimez-lui avec honnêteté votre opinion*** si elle vous la demande. Abstenez-vous de lui faire la morale ou de lui donner des avis qu'elle n'a pas sollicités. Par contre, n'hésitez pas à lui rappeler de temps à autre que vous êtes soucieux de son bien-être et désireux de l'aider. Faites-lui part occasionnellement de votre inquiétude à son sujet quand vous la voyez en grande difficulté psychologique.

• ***Soyez curieux et ouvert à elle.*** Intéressez-vous à sa vie, ses études, ses amis, ses chagrins, ses amours, ses goûts vestimentaires… Évitez seulement de trop vous immiscer dans sa vie. Témoigner de l'intérêt ne signifie pas contrôler ou demander des comptes. C'est au contraire témoigner à la personne qu'elle compte pour vous et que vous la reconnaissez comme une personne intéressante à part entière.

• ***Soyez patient, tolérant et persévérant.*** Rappelez-vous que la voie de la guérison est semée d'embûches et comporte des hauts et des bas. Ne désespérez pas car beaucoup de personnes boulimiques vont mieux après quelques années de maladie. Une thérapie sous la conduite d'une personne compétente peut être d'une grande utilité pour la guérison.

• Si vous suspectez qu'une de vos proches — votre fille ou votre femme par exemple — est atteinte de boulimie, dites-lui, avec empathie et de façon directe, que vous pensez qu'elle souffre peut-être de boulimie et proposez-lui de consulter un médecin, son médecin traitant par exemple, pour une première évaluation. Si la personne refuse de voir un médecin, négociez avec elle plutôt que d'exiger d'elle qu'elle consulte. Dites-lui quelque chose comme : « Tu ne penses pas avoir un problème alimentaire. Pour ma part, je suis très préoccupé(e) par ta manière de manger. Il se peut que tu n'aies pas de problème alimentaire. Nous ne le saurons que quand tu auras consulté un médecin pour une évaluation de la situation. Alors, je te demande de consulter pour toi bien sûr mais aussi pour moi. » Si la personne refuse de se soigner, demandez-lui de voir quand même régulièrement un médecin pour vérifier son état de santé, sans la forcer à traiter en tant que telle sa maladie.

• Plutôt que d'attirer l'attention de votre fille ou de votre conjoint uniquement sur les conséquences négatives de la boulimie, comme les risques de problèmes cardiaques, montrez-lui quels pourraient être, selon vous, les bénéfices à changer. Par exemple, se sentir physiquement mieux, retrouver le plaisir de voir des amis, poursuivre des études dans de bonnes conditions, trouver un petit copain… Si les conséquences négatives peuvent décider une personne à consulter, à plus long terme la personne a besoin de se rattacher à une perspective d'amélioration globale de sa situation.

• Une fois la personne suivie par un professionnel de la santé, dégagez-vous de la responsabilité de gérer ses problèmes alimentaires. Les proches ne devraient pas assumer seuls la responsabilité du mieux-être de leur fille ou de leur femme. Cette responsabilité incombe d'abord à la personne malade elle-même. Le médecin ou le thérapeute se chargera aussi de veiller à une évolution favorable de votre proche. Cela ne signifie pas que vous serez tenu à l'écart de l'évolution de votre proche car votre implication est capitale. Cela signifie plutôt que votre rôle est limité et que d'autres personnes que vous peuvent aider votre enfant ou votre conjoint : la personne boulimique elle-même et un médecin, traitant ou psychiatre, ou un psychologue psychothérapeute.

Conseils pour aider une personne boulimique et s'aider soi-même

• ***Rendez-vous disponible pour parler avec la personne boulimique et proposez-lui votre aide.*** Parlez avec la personne de ce qu'elle considère être une aide pour elle. Elle ne sait peut-être pas précisément ce qui pourrait l'aider mais elle sait certainement ce qui ne va pas l'aider. Parlez de votre besoin de vous sentir impliqué dans son état de santé et, si elle vous le demande, dites-lui ce qui pourrait l'aider d'après vous. Essayez de trouver ensemble ce qui pourrait vous aider l'un et l'autre à vivre au mieux la situation. Par exemple, proposez à la personne boulimique de manger avec elle et de rester avec elle après les repas pour la dissuader d'aller vomir. Répétez régulièrement ce type de conversation au cours de l'évolution de la boulimie car l'aide nécessaire peut changer au fil du temps.

• ***Exprimez-lui votre attachement et encouragez-la dans ses initiatives.*** Faites-lui des commentaires comme : « J'aime être avec toi. Tu es une personne que j'apprécie beaucoup » ou « Je trouve que tu te débrouilles fort bien dans cette situation nouvelle pour toi. » Aidez-la à se centrer sur ses ressources personnelles plutôt que sur les résultats qu'elle obtient ainsi. Plutôt que de se centrer sur des attributs externes, centrez son attention sur ses ressources internes, par exemple sa débrouillardise ou son courage. Vous l'aiderez ainsi à se créer une meilleure image d'elle-même et à prendre confiance en elle.

• ***Informez-vous sur la boulimie et faites confiance aux spécialistes.***

Plus vous connaîtrez la boulimie, mieux vous la comprendrez et plus vos réactions aideront la personne malade. Vous pouvez être d'une grande utilité pour la personne malade simplement en comprenant la maladie et les étapes du traitement à travers lesquelles la personne devra passer. Vous trouverez les références d'ouvrages, de sites web et d'associations s'occupant de boulimie à la fin du livre.

Sachez que certains auteurs attribuent la cause de la boulimie à la famille, à la mère ou au père. Souvenez-vous que la boulimie n'a pas une et une seule cause mais est probablement déterminée par des causes multiples en interaction. Lisez l'information de façon critique. N'hésitez pas à parler de ces informations avec votre médecin ou avec un spécialiste de la santé.

Ne vous laissez pas influencer par des avis nombreux et discordants. Suivez l'avis des personnes qui ont l'expérience du traitement de la boulimie et qui soignent votre enfant. N'encouragez pas votre fille à s'engager dans des traitements successifs. Encouragez-la à poursuivre le traitement en cours.

• *Adoptez des comportements « sains ».*

Vous pouvez montrer l'exemple d'une vie saine, en mangeant de tout en quantité suffisante, en pratiquant de l'exercice physique pour le plaisir et le bien-être et en vous centrant sur des attributs personnels autres que l'apparence physique, la performance ou la réussite. Sortir de la boulimie, c'est aussi apprendre à prendre ses distances par rapport à certaines valeurs de notre culture actuelle.

Comme la plupart d'entre nous, vous-même véhiculez sans doute certaines de ces valeurs. Interrogez-vous si votre attitude et vos comportements relatifs à la nourriture, au poids, au corps et à la réussite scolaire ou socioprofessionnelle sont de « bons exemples » pour la personne malade. Par votre exemple, vous pouvez l'aider à s'accepter comme une personne et à se sentir digne d'intérêt, indépendamment de la forme de son corps, de son poids ou de sa réussite.

• ***Laissez votre enfant ou votre femme grandir ou s'émanciper.*** Une fois connue, la boulimie perturbe l'entourage. Aussi les proches sont-ils tentés de protéger la personne malade contre la moindre difficulté de l'existence. En agissant ainsi, vous ôtez toute responsabilité à la personne boulimique. Au contraire, elle a besoin de prendre des responsabilités, quitte à se tromper ou même à échouer dans ses entreprises. Plutôt que de couver la personne, donnez-lui l'occasion de faire elle-même ses expériences et de se prouver à elle-même ses capacités à affronter la vie d'adulte. Si elle n'ose pas le faire ou ne sait pas comment s'y prendre, encouragez-la à essayer et donnez-lui éventuellement l'un ou l'autre conseil pratique pour qu'elle puisse se débrouiller.

• ***Ne blâmez pas la personne malade.*** Il est inutile de secouer la personne malade. La critiquer ou lui adresser des reproches ne fait qu'augmenter la tension au sein de la famille ou du couple, le stress de la personne boulimique et en fin de compte la boulimie. C'est la meilleure manière d'entretenir la maladie ! Discutez calmement de ce qui vous dérange ou vous inquiète. Par exemple, demandez gentiment à la personne de nettoyer les toilettes si elle les a souillées lors d'un vomissement ou de remplacer la nourriture ingurgitée lors d'une crise de boulimie. N'oubliez pas que la personne a honte de ce qu'elle fait et se le reproche amèrement. La blâmer ne fait qu'augmenter les autoreproches et l'autodévalorisation. Seule la boulimie en sortira gagnante ! Évitez de traiter votre proche uniquement comme une malade.

• ***Prenez soin de vous-même et conservez des projets personnels.*** Laisser la boulimie prendre le pas sur vous ou votre famille n'est de l'intérêt de personne. Continuez à partager avec la personne malade des intérêts communs qui vous font plaisir, comme aller au cinéma. N'abandonnez pas vos loisirs et vos projets personnels. Vous avez besoin de souffler et de vous réaliser vous-même. En vous octroyant des moments de détente, vous serez aussi plus détendu avec la personne malade et plus à son écoute. Ne vous laissez pas prendre au piège du chantage affectif. Vous êtes disposé à aider la personne mais elle ne peut exiger de vous que vous soyez en permanence à ses côtés. Elle doit comprendre que votre vie continue malgré sa maladie. Elle doit aussi apprendre à gérer ses problèmes elle-même, quitte à faire appel à une personne compétente pour l'aider.

• ***Mangez normalement, en famille ou en couple.*** N'achetez pas ni ne préparez de la nourriture spécialement pour la personne malade. Demandez-lui de manger comme vous, si vous êtes le conjoint, ou comme le restant de la famille, si vous êtes un parent. La nourriture devrait être la même pour tout le monde. Cependant, laissez la personne choisir elle-même parmi ce que vous lui proposez ce qu'elle veut manger et en quelle quantité. Ne la forcez pas à manger. Laissez-la se servir elle-même. Ne vous centrez pas sur son alimentation. Abstenez-vous de commentaires à ce propos. Proposez-lui de manger avec vous ou l'ensemble de la famille. Si elle refuse, acceptez ce refus mais priez-la de manger en même temps que vous, parmi ce que vous avez préparé, dans une autre pièce. Évitez les discussions vives à table. Essayez de créer une ambiance conviviale et agréable pour tous au moment des repas communs.

• ***Centrez-vous sur la santé et le bien-être de la personne plutôt que sur son apparence physique.*** Évitez tout commentaire sur le poids ou le physique de la personne. Celle-ci est déjà suffisamment préoccupée elle-même par son physique. Vos commentaires à ce propos risquent de ne pas être bien perçus, de la blesser inutilement et d'amener des discussions non constructives et houleuses. Parlez plutôt avec elle de ce qui participe à son bonheur et à son bien-être en général et, si elle accepte d'en parler avec vous, de ce qui pourrait améliorer la qualité de sa vie au quotidien.

• ***Ne vous laissez pas envahir par la personne malade.*** Lorsque les comportements de la personne malade portent préjudice à d'autres membres de la famille ou au conjoint, c'est la personne malade qui porte la responsabilité de réparer le préjudice. Les toilettes, la cuisine et la salle de bains devraient être laissées propres par tout le monde. Les provisions du ménage qui ont servi à des crises de boulimie devraient être remplacées par la personne malade. Signalez à la personne que vous ne laisserez pas ses problèmes personnels interférer avec votre fonctionnement familial ou conjugal normal. Dites-lui combien elle est importante au sein de votre famille ou de votre couple, mais qu'elle ne l'est pas plus qu'un autre membre de la famille ou que vous-même si vous êtes son conjoint.

• ***Sollicitez une aide extérieure pour vous-même si vous n'en pouvez plus.***

Vivre au contact d'une personne malade est très éprouvant. Vous avez vos limites comme tout le monde. Vous ne pouvez jouer à la fois le rôle d'un membre de la famille ou du partenaire du couple et celui d'un thérapeute ou d'une infirmière. Ne faites que ce que vous vous sentez capable de faire et ce avec quoi vous vous sentez à l'aise.

Si vous n'en pouvez plus, n'hésitez pas à consulter vous-même pour obtenir des conseils ou vous faire aider à surmonter l'épreuve de la maladie de votre proche. Si vous sentez que vous êtes au bout de vos ressources pour aider la personne, demandez-lui aussi de consulter elle-même pour elle et — pourquoi pas ? — pour vous aussi, pour vous aider à tenir le coup et à mieux l'aider en retour.

Chapitre 10

Comment prévenir la boulimie ?

« Mieux vaut prévenir que guérir » prétend la sagesse populaire. L'idéal serait qu'on réduise au maximum l'apparition de nouveaux cas de boulimie plutôt que d'avoir à les guérir. Malheureusement, cet idéal est difficile à atteindre.

Depuis une vingtaine d'années, des programmes de prévention des troubles des conduites alimentaires cherchent à limiter le développement de ces affections auprès de la population générale ou de populations plus sensibles, en diminuant les facteurs de risque et en augmentant les facteurs de protection.

Les programmes de prévention classiques dirigent leurs efforts sur les facteurs de risque spécifiques à l'anorexie mentale et à la boulimie. Ils exposent aux participants des thèmes comme une alimentation et une activité physique saines ; les troubles des conduites alimentaires, leurs causes et leurs conséquences ; les dangers des régimes alimentaires ; la pression culturelle à faire un régime et les moyens d'y résister ; l'insatisfaction corporelle, ses déterminants, ses conséquences et les moyens d'y faire face…

Partant d'une perspective plus générale de promotion de la santé mentale, d'autres programmes se centrent sur les facteurs de vulnérabilité aux troubles psychologiques, comme la pratique de mauvaises habitudes de vie, la gestion inefficace des stresseurs de la vie quotidienne (manque d'affirmation de soi et de capacités de résolution des problèmes, difficultés à se relaxer et à prendre des décisions...), le manque de support social...

Entre autres choses, ces programmes enseignent à leurs participants des habitudes de vie plus saines, des moyens de gestion plus efficaces pour faire face aux stresseurs (affirmation de soi, communication, négociation, résolution de problème, prise de décision, relaxation...), une attitude critique et défensive par rapport aux influences externes négatives (par exemple, face aux médias glorifiant la minceur ou aux camarades de classe se moquant des élèves « hors norme »...) ainsi que des moyens de rehausser son estime de soi et son sentiment d'efficacité personnelle.

Les programmes plus récents prennent davantage en considération le contexte spécifique du public visé (approche « écologique ») et s'appuient sur la participation active de différentes personnes impliquées dans la santé des populations concernées (approche « relationnelle-participative »).

Ainsi élèves, parents, enseignants, éducateurs et responsables d'établissements sont invités à réfléchir aux normes, attitudes et comportements en vigueur dans la classe et dans l'établissement (le respect des personnes dans leurs différences, la communication des élèves entre eux et avec les enseignants...) et à s'engager à titre individuel et collectif dans des actions concrètes pour améliorer la situation. Les parents sont associés à cette « réflexion-action » visant à renégocier les normes et les valeurs et, en fin de compte, à modifier les attitudes et comportements individuels et collectifs néfastes au bien-être des jeunes.

La prévention se divise en « prévention primaire », qui entend réduire le nombre de nouveaux cas de malades dans la population générale et en « prévention secondaire », qui vise à empêcher que des personnes à hauts risques ou présentant déjà des signes de maladie ne développent un trouble des conduites alimentaires.

La prévention des troubles alimentaires donne des résultats tantôt décevants, tantôt encourageants, comme nous allons le voir ci-dessous.

EXISTE-T-IL DES « FACTEURS DE PROTECTION » CONTRE LES TROUBLES DES CONDUITES ALIMENTAIRES ?

Plusieurs facteurs semblent réduire les risques d'insatisfaction corporelle et de perturbation alimentaire.

— Des relations familiales positives. Passer du temps avec ses enfants, les entourer, les encourager, les soutenir sont bénéfiques pour les aider à développer une confiance en eux et leur apprendre à affronter les difficultés de l'existence.

— De même, des relations sociales satisfaisantes avec des personnes de son âge contribuent à la formation d'une bonne image de soi en tant que personne aimable, estimable et capable. Le soutien social des pairs et la représentation positive de soi qui y est associée protègent les jeunes contre l'insatisfaction corporelle, les conduites de régimes et les troubles des comportements alimentaires.

— Parmi les activités sociales qui concourent à une bonne estime de soi et à une expérience corporelle positive figurent les activités sportives collectives pratiquées dans un esprit ludique et non compétitif. Ces pratiques ont peu d'exigences esthétiques, comme dans la danse ou la gymnastique, ou pondérales, comme dans la lutte. Sans être trop compétitives, elles favorisent l'émulation et la coopération.

— D'autres caractéristiques individuelles comme des capacités d'adaptation efficaces, une bonne estime de soi ou des capacités d'affirmation de soi réduiraient les facteurs de vulnérabilité à l'anorexie et à la boulimie.

— Enfin, certains milieux seraient aussi plus protecteurs contre ces affections. Ces milieux de vie (familiaux, scolaires, amicaux…) acceptent la différence, bannissent la discrimination et promeuvent des habitudes de vie saines en matière d'alimentation et d'activités sportives, sociales et scolaires.

La prévention primaire : éviter au maximum l'apparition de la boulimie

La plupart des programmes de prévention primaire qui ont été testés améliorent durablement les connaissances des participants sur les thèmes abordés durant la formation. Par exemple, après la formation, les participants savent mieux comment manger et faire du sport sainement, connaissent davantage la physiologie de l'alimentation et les mécanismes biologiques de régulation du poids, les méfaits des régimes, la nature et le fonctionnement des troubles des conduites alimentaires...

La moitié de ces programmes améliore aussi durablement l'attitude ou la disposition des participants à adopter des comportements plus sains, susceptibles de les protéger contre un trouble alimentaire.

Malheureusement, ces changements d'attitude se traduisent rarement en changements de comportement. Les personnes se disent favorables pour des comportements plus sains mais ne changent pas pour autant leurs comportements en ce sens ! Par ailleurs, quand des comportements plus sains sont adoptés, ils disparaissent au bout d'un certain temps.

Malgré tout, l'optimisme reste de rigueur dans la mesure où de nombreux programmes de prévention de divers problèmes de santé (abus d'alcool...) sont efficaces auprès d'enfants et d'adolescents.

La prévention secondaire : protéger les personnes à risque et à la limite de la boulimie

Les programmes qui touchent les populations les plus à risque donnent de meilleurs résultats que ceux qui touchent des personnes moins exposées aux risques de la maladie.

Ces programmes se basent essentiellement sur les facteurs de risque et de protection reconnus par la recherche. Ils fournissent aux participants de l'information sur l'alimentation, le poids, les régimes, les troubles des conduites alimentaires... Ils leur enseignent diverses compétences (affirmation de soi, résolution de problème...) et les aident à critiquer l'idéal de minceur.

Ces programmes améliorent à long terme les attitudes préjudiciables des participants. Dans une moindre mesure, ils modifient aussi leurs comportements dans un sens plus favorable.

Malheureusement, il existe peu d'études qui s'assurent que des interventions précoces (par exemple, à 11-12 ans) donnent des résultats positifs longtemps après (par exemple, à 17-18 ans).

Comment améliorer la prévention ?

Pour augmenter les chances de modifier durablement les comportements alimentaires inadéquats et l'expérience corporelle négative, il conviendrait de :

— adapter les interventions aux caractéristiques du public ciblé (âge, sexe, milieu socioculturel, appartenance ethnique...),

— faire participer activement les personnes concernées au programme de prévention,

— promouvoir une attitude responsable de gestion de sa santé en général,

— développer de bonnes capacités de gestion émotionnelle et interpersonnelle,

— améliorer la confiance en soi,

— apprendre à s'opposer à la pression ambiante à adopter des comportements à risque,

— intégrer des acteurs à différents niveaux pour modifier les environnements multiples qui favorisent l'adoption de comportements sains et malsains (parents, enseignants, directeurs d'école, politiques, prestataires de soins de santé, publicitaires...),

— pratiquer dans la vie de tous les jours les comportements de protection, à un niveau individuel et collectif.

En particulier, la prévention doit tenir compte de l'influence prépondérante des pairs et des proches dans l'adoption de nouveaux comportements. De nombreuses jeunes filles entament un régime pour « faire comme la bonne copine » ou pour ne pas se trouver en porte-à-faux avec le restant de la classe au régime ! Le rôle des parents et d'autres adultes significatifs n'est pas à négliger non plus dans la promotion de la santé. Les croyances et les attitudes des parents en matière de santé, d'alimentation, d'exercice physique... influencent celles de leurs enfants. De même, leurs valeurs, attitudes et comportements en matière de réussite scolaire et professionnelle, de compétence sociale... modèlent ceux de leurs enfants. Ils les sécurisent ou insécurisent, suivant que leurs enfants se sentent plus ou moins capables de suivre la « voie tracée » par leurs parents.

Des programmes auprès d'enfants ou de préadolescents sont souhaitables. En effet, les enfants apprennent très jeunes les valeurs de leurs parents, de leurs pairs et de la société en général. Plus tôt ils seront protégés contre les facteurs de risque, plus grandes seront leurs chances de le rester quand ils seront adultes.

Conclusion

La boulimie est source de grande souffrance. La boulimie est responsable de dépression et de honte chez la personne qui la subit. Les personnes boulimiques ne consultent que peu ou tardivement. Nombre d'entre elles ne croient pas pouvoir un jour sortir de leur enfer et ne pensent pas qu'un traitement soit possible. D'autres hésitent longtemps à faire appel à une aide professionnelle, considérant que c'est à elles de s'en sortir.

La boulimie fait aussi souffrir l'entourage de la personne aux prises avec la boulimie. Elle entraîne de l'incompréhension, de l'hostilité, de la culpabilité ou encore de l'anxiété. Elle est souvent source de tension au sein des familles ou des couples.

Enfin, pour la société, la boulimie est une charge importante. Elle coûte cher en soins de santé, entraîne de l'absentéisme professionnel et compromet l'avenir de la population. En effet, ce fléau va croissant et s'attaque aux jeunes femmes en âge d'étudier, de travailler, de se mettre en ménage et d'enfanter.

Guérir la boulimie apparaît ainsi un réel défi à tous les niveaux : individuel, familial et collectif. Considérée comme mystérieuse et incurable il y a encore une vingtaine d'années, la boulimie est désormais mieux comprise et couramment traitée avec succès. Des modèles explicatifs sérieux rendent compte de la boulimie. Une personne sur deux en guérit, moyennant un traitement adapté. L'autre moitié s'améliore avec un traitement efficace ou avec le temps. Il y a donc de bonnes raisons de rester optimistes, malgré la sévérité de cette maladie.

Il existe de plus en plus de thérapeutes spécialisés dans la prise en charge de ce trouble. En outre, des traitements auto-administrés comme celui présenté dans cet ouvrage sont d'une aide précieuse pour les personnes qui ne veulent pas (encore) consulter ou comme un guide d'accompagnement thérapeutique d'une thérapie en cours. Des progrès thérapeutiques sont à espérer les prochaines années pour traiter plus efficacement plus de personnes souffrant de boulimie.

Adresses utiles

En France

Groupes d'entraide

➤ GEFAB (Groupe d'études français sur l'anorexie et la boulimie)
Maison des Sciences de l'homme
54, boulevard Raspail, 75270 Paris Cedex 06
Tél. : 01 45 43 44 75

➤ ICARE (Association d'entraide de parents de personnes souffrant de troubles des conduites alimentaires)
Centre de consultation des Vallées
74100 Ville-La-Grand
Tél : 06 87 21 11 51

Thérapeutes

➤ AFTCC (Association française de thérapie comportementale et cognitive)

100, rue de la Santé, 75674 Paris Cedex 14
Tél. : 01 45 88 35 28 ; E-mail : aftcc@wanadoo.fr

➤ AFFORTHECC (Association francophone de formation et de recherche en thérapie comportementale et cognitive)

10, avenue Gantin, 74150 Rumilly
Tél. : 04 50 64 51 75 ; E-mail : afforthecc@aol.com

Centres spécialisés

➤ CMME (Clinique des maladies mentales et de l'encéphale)

100, rue de la Santé, 75014 Paris
Tél. : 01 45 65 83 67

➤ Institut mutualiste montsouris

42, boulevard Jourdan, 75014 Paris
Tél. : 01 56 61 62 63

➤ CHU-Hôpitaux de Saint-Étienne

Hôpital de Bellevue, Service de psychiatrie,
42055 Saint-Étienne Cedex 2
Tél. : 04 77 12 77 78 ou 04 77 12 77 80

➤ Clinique des Vallées

B.P. 420 – 74108 Ville-La-Grand Cedex
Tél. : 04 50 95 48 48

➤ Clinique Georges-Dumas

10, avenue du Maquis-du-Grésivaudan, 38700 La Tronche
Tél. : 04 38 38 08 20

➤ Centre médical MGEN
01420 Chanay
Tél. : 04 50 56 80 00

En Suisse

Groupe d'entraide

➤ ABA (Association boulimie et anorexie)
Tél. : 022 776 33 02 (Genève), 021 329 04 39 (Lausanne), 032 926 77 66 (Neuchâtel), 079 380 20 72 (Sion)

Thérapeutes

➤ SSTCC (Société suisse de thérapie comportementale et cognitive)
8, Hotelgasse, 32000 Berne 8
E-Mail : info@sgvt-sstcc.ch

Centres spécialisés

➤ Genève : Belle Idée
Division de psychiatrie de liaison : 022 382 48 70
Consultation médicale pour adolescents : 022 382 68 18

➤ Lausanne : SUPEA
Consultation du Brugnon : 021 314 19 53
Hôpital de l'enfance : 021 627 26 49
Consultation Passerelle : 021 635 42 42

En Belgique

Groupe d'entraide

➤ MIATA (Maison d'information et d'accueil sur les troubles de l'alimentation)

E-mail : info@miata.be

➤ Infor Anorexie & Boulimie

20, clos Bergoje, 1060 Bruxelles
Tél. : 02 662 27 88 ; E-mail : info@anorexie-boulimie.com

Thérapeutes

➤ AEMTC (Association pour l'étude, la modification et la thérapie du comportement)

9, rue Saint-Laurent, 4000 Liège
Tél./Fax. : 04 221 06 29 ; E-mail : aemtc.rfccc@planetinternet.be

Centres spécialisés

➤ Hôpital Le Domaine-ULB-Erasme, Unité des troubles alimentaires

39, rue Jean-Lanneau, 1420 Braine-L'Alleud
Tél. : 02 384 25 93 ; Fax. : 02 386 09 88
E-mail : yves.simon@ulb.ac.be ou francnef@ulb.ac.be
www.ulb.ac.be/erasme/fr/index.html

➤ Cliniques universitaires de Bruxelles

Hôpital Erasme, Service de psychiatrie, Programme anorexie/boulimie,
808, route de Lennik, 1070 Bruxelles
Tél. : 02 555 35 06 ; E-mail : yves.simon@ulb.ac.be

➤ Service de psychologie de la santé
Université de Liège
Boulevard du Rectorat CB 331, 4000 Liège
Tel. : 04 366 23 94

➤ Unité de thérapie et de médecine comportementales
Hôpital Vincent-Van-Gogh
55, rue de l'Hôpital, 6030 Marchienne-au-Pont
Tél. : 071 92 11 11

➤ Cliniques Antoine Depage
101, avenue Henri-Jaspar, 1060 Bruxelles
Tél. : 02 538 61 40

➤ Clinique La Ramée
34, avenue de Boetezndael, 1180 Bruxelles
Tél. : 02 344 18 94 ; E-mail : info@laramee.be

Au Québec

Centres spécialisés

➤ Centre hospitalier Douglas,
Unité des troubles de l'alimentation,
6605, boulevard Lasalle, Verdun (Québec) H4H 1R3
Tél. : (514) 761-6131, poste 22895

➤ Département de psychiatrie du Centre hospitalier universitaire de Québec (CHUQ),
Centre hospitalier de l'Université Laval (CHUL),
Sainte-Foy (Québec) G1V 4 G2
Tél. : (418) 654-2177

➤ Hôpital Sainte-Justine
Section de médecine de l'adolescence
3175, chemin de la Côte-Sainte-Catherine,
Montréal (Québec) H3T 1C5
Tél. : (514) 345-4721

➤ Hôpital général de Montréal,
Programme de traitement des troubles
de l'alimentation et de l'obésité,
Service de thérapie du comportement,
1650, avenue Cedar, Montréal (Québec)
Tél. : (514) 934-8034

➤ Hôpital de Montréal pour enfants
2300, rue Tupper, Montréal (Québec)
Tél. : (514) 934-4481

Pour en savoir plus

➤ Lectures conseillées sur la boulimie et l'anorexie

MIRABEL-SARRON, Ch. (1999). *Bien manger. Pour en finir avec les régimes et retrouver le plaisir dans l'alimentation.* Collection Bien-être. Paris : Bayard Éditions.

PERROUD, A. (2000). *Tout savoir sur l'anorexie et la boulimie.* Lausanne : Favre.

PERROUD, A. (2001). *Faire face à la boulimie. Comment traiter son trouble par soi-même.* Paris : Éditions Retz.

PERROUD, A. (2003). *Faire face à l'anorexie. Une démarche efficace pour guérir.* Paris : Éditions Retz.

POMERLEAU, G. (2001). *Démystifier les maladies mentales. Anorexie et boulimie. Comprendre pour agir.* Québec : Gaëtan Morin.

RIGAUD, D. (2002). *Anorexie, boulimie et autres troubles du comportement alimentaire.* Les Essentiels Milan. Toulouse : Éditions Milan.

RODRIGUEZ, V. (1989). *La Peau à l'envers : le roman d'une vraie boulimique.* Paris : Éditions Robert Laffont.

SCHMIDT, U. & TREASURE, J. (1998). *La Boulimie. S'en sortir repas après repas.* Paris : Édition Estem.

SIMON, Y. & NEF, F. (2002). *Comment sortir de l'anorexie ? Et retrouver le plaisir de vivre.* Guide pour s'aider soi-même. Paris : Odile Jacob.

VANDERLINDEN, J. (2003). *Vaincre l'anorexie mentale.* Paris : Éditions De Boeck.

➤ Livres pratiques sur les troubles associés

ANDRÉ, Ch. & LELORD, F. (1999). *L'Estime de soi. S'aimer mieux pour mieux vivre avec les autres.* Paris : Odile Jacob.

EMERY, J.-L. (2002). *Surmontez vos peurs. Vaincre le trouble panique et l'agoraphobie.* Guide pour s'aider soi-même. Paris : Odile Jacob.

FANGET, F. (2000). *Affirmez-vous. Pour mieux vivre avec les autres.* Guide pour s'aider soi-même. Paris : Odile Jacob.

FANGET, F. (2003). *Oser. Thérapie de la confiance en soi.* Paris : Odile Jacob.

HAHUSSEAU, Ch. (2003). *Comment ne pas se gâcher la vie.* Guide pour s'aider soi-même. Paris : Odile Jacob.

LADOUCEUR, R. *et coll.* (2003). *Arrêtez de vous faire du souci pour tout et pour rien.* Paris : Odile Jacob.

MIRABEL-SARRON, Ch. (2001). *La Dépression, comment s'en sortir ?* Guide pour s'aider soi-même. Paris : Odile Jacob.

SABOURAUD-SÉGUIN, A. (2001). *Revivre après un choc. Comment surmonter le traumatisme psychologique.* Guide pour s'aider soi-même. Paris : Odile Jacob.

SAUTERAUD, A. (2000). *Je ne peux pas m'arrêter de laver, vérifier, compter. Mieux vivre avec un TOC.* Guide pour s'aider soi-même. Paris : Odile Jacob.

➤ Sites web sur la boulimie et l'anorexie

www.enfine.com
Site français de solidarité et information autour des troubles des conduites alimentaires.

www.anorexie-boulimie.com
Site de « Infor Anorexie-Boulimie », Belgique.

www.nationaleatingdisorders.org
Site américain de la « National Eating Disorders Association » .

www.Tr-alimentaires.ch
Site du réseau troubles alimentaires Suisse.

Références bibliographiques

➤ Introduction

CARTER, J. (2002). Self-Help Books in the Treatment of Eating Disorders. Dans Ch. Fairburn et K. Brownell (Eds.), *Eating Disorders and Obesity. A Comprehensive Handbook. Second Edition*. New York : Guilford Press.

DOLAN, B. & GITZINGER, I. (1991). *Why Women ? Gender Issues and Eating Disorders*. London : European Council on Eating Disorders.

FAIRBURN, Ch. et WALSH, B. (2002). Atypical Eating Disorders (Eating Disorder Not Otherwise Specified). Dans Ch. Fairburn & K. Brownell (Eds.), *Eating Disorders and Obesity. A Comprehensive Handbook (Second Edition)*. New York : Guilford Press.

FLAMENT, M. *et al.* (1995). A Population Study of Bulimia Nervosa and Subclinical Eating Disorders in Adolescence. Dans H.-Ch. Steinhausen (Ed.), *Eating Disorders in Adolescence*. New York : Walter de Gruyter.

HERZOG, D. & DELINSKI, S. (2001). Classification of eating disorders. Dans R. Striegel-Moore & L. Smolak (Eds.), *Eating Disorders. Innovative Directions in Research and Practice.* Washington, DC : American Psychological Association.

JOHNSON, J. *et al.* (2002). Eating Disorders during Adolescence and the Risk for Physical and Mental Disorders during Early Adulthood. *Arch. Gen. Psychiatry, 59*, 545-552.

KEEL, P. & KLUMP, K. (2003). Are Eating Disorders Culture-Bound Syndromes ? Implications for Conceptualizing Their Etiology. *Psychological Bulletin, 129, 5*, 747-769.

LITTLETON, H. & OLLENDICK, T. (2003). Negative body image and disordered eating behaviour in children and adolescents : what places youth at risk and how can these problems be prevented ? *Clinical Child and Family Psychology Review, 6*, 1, 51-66.

PATTON, G. *et al.* (1990). Abnormal eating attitudes in London girls — a prospective epidemiological study : outcome at twelve month follow-up. *Psychological Medicine, 20*, 383-394.

PATTON, G. *et al.* (1999). Onset of adolescent eating disorders : population-based cohort study over 3 years. *British Medical Journal, 318*, 765-768.

SULLIVAN, P. (2002). Course and Outcome of Anorexia Nervosa and Bulimia Nervosa. Dans Ch. Fairburn & K. Brownell (Eds.), *Eating Disorders and Obesity. A Comprehensive Handbook (Second Edition)*. New York : Guilford Press.

➤ Chapitre 1
Qu'est-ce que la boulimie ?

BEUMONT, P. (2002). Clinical Presentation of Anorexia Nervosa and Bulimia Nervosa. Dans Ch. Fairburn & K. Brownell (Eds.), *Eating Disorders and Obesity. A Comprehensive Handbook (Second Edition)*. New York : Guilford Press.

BULIK, C. (2002). Anxiety, Depression, and Eating Disorders. Dans Ch. Fairburn & K. Brownell (Eds.), *Eating Disorders and Obesity. A Comprehensive Handbook (Second Edition)*. New York : Guilford Press.

Diagnostic and Statistical Manual of Mental Disorders. Fourth Edition. (1994). Washington, DC/American Psychiatric Association.

FAIRBURN, Ch. *et al.* (1993). Binge Eating and Bulimia Nervosa : Distribution and Determinants. Dans Ch. Fairburn & G. Wilson (Eds.), *Binge Eating. Nature, Assessment and Treatment*. New York : Guilford Press.

FAIRBURN, Ch. & HARRISON, P. (2003). Eating Disorders. *The Lancet, 361*, 407-416.

FAIRBURN, Ch. *et al.* (2003). Cognitive behaviour therapy for eating disorders : a « transdiagnostic » theory and treatment. *Behaviour Research and Therapy, 41*, 5, 509-531.

FLAMENT, M. & JEAMMET, P. (2000). *La Boulimie. Réalités et perspectives*. Paris : Masson.

GARFINKEL, P. (2002). Classification and Diagnosis of Eating Disorders. Dans Ch. Fairburn & K. Brownell (Eds.), *Eating Disorders and Obesity. A Comprehensive Handbook (Second Edition)*. New York : Guilford Press.

GRILO, C. (2002). Binge Eating Disorders. Dans Ch. Fairburn & K. Brownell (Eds.), *Eating Disorders and Obesity. A Comprehensive Handbook (Second Edition)*. New York : Guilford Press

HALMI, K. (1995). Hunger and Satiety in Clinical Eating Disorders. Dans K. Brownell & Ch. Fairburn (Eds.), *Eating Disorders and Obesity. A Comprehensive Handbook*. New York : Guilford Press.

HERZOG, D. & DELINSKI, S. (2001). Classification of eating disorders. Dans R. Striegel-Moore & L. Smolak (Eds.), *Eating Disorders. Innovative directions in research and practice.* Washington, DC : American Psychological Association.

HOEK, H. (2002). Distribution of Eating Disorders. Dans Ch. Fairburn & K. Brownell (Eds.), *Eating Disorders and Obesity. A Comprehensive Handbook (Second Edition)*. New York : Guilford Press.

LAESSLE, R. *et al.* (1988). Nutritional Knowledge in Patients with Eating Disorders. *International Journal of Eating Disorders, 7*, 1, 63-73.

LILLY, R. (2003). Bulimia Nervosa. *British Medical Journal, 327*, 380-381.

MARCUS, M. (1995). Binge Eating and Obesity. Dans K. Brownell & Ch. Fairburn (Eds.), *Eating Disorders and Obesity. A Comprehensive Handbook*. New York : Guilford Press.

MARCUS, M. (1997). Adapting Treatment for Patients with Binge Eating Disorder. Dans Garner, D. & Garfinkel, P. (Eds.), *Handbook of Treatment for Eating Disorders (Second Edition)*. New York : Guilford Press.

POMERLEAU, G. (2001). *Démystifier les maladies mentales. Anorexie et boulimie. Comprendre pour agir*. Québec : Gaëtan Morin Éditeur.

O'BRIEN, K. & VINCENT, N. (2003). Psychiatric comorbidity in anorexia and bulimia nervosa : nature, prevalence, and causal relationships. *Clinical Psycholoy Review, 23*, 57-74.

RUSSEL, G. (1997). The History of Bulimia Nervosa. Dans Garner, D. & Garfinkel, P. (Eds.), *Handbook of Treatment for Eating Disorders (Second Edition)*. New York : Guilford Press.

VANDEREYCKEN, W. (2002). History of Anorexia Nervosa and Bulimia Nervosa. Dans Ch. Fairburn & K. Brownell (Eds.), *Eating Disorders and Obesity. A Comprehensive Handbook (Second Edition)*. New York : Guilford Press.

VANHEMELRIJCK, P. *et al.* (2003). Perfectionnisme et anorexie mentale. *Acta Psychiatrica Belgica, 103*, 2, 93-100.

WALSH, B. (1993). Binge Eating in Bulimia Nervosa. Dans Ch. Fairburn & G. Wilson (Eds.), *Binge Eating. Nature, Assessment and Treatment*. New York : Guilford Press.

WILSON, G. (2003). Binge Eating and Addictive Disorders. Dans Ch. Fairburn & G. Wilson (Eds.), *Binge Eating. Nature, Assessment and Treatment*. New York : Guilford Press.

WILSON, G. & VITOUSEK, K. (1999). Self-monitoring in the Assessment of Eating Disorders. *Psychological Assessment, 11*, 4, 480-489.

WONDERLICH, S. (1995). Personality and Eating Disorders. Dans K. Brownell & Ch. Fairburn (Eds.), *Eating Disorders and Obesity. A Comprehensive Handbook.* New York : Guilford Press.

WONDERLICH, S. (2002). Personality and Eating Disorders. Dans Ch. Fairburn & K. Brownell (Eds.), *Eating Disorders and Obesity. A Comprehensive Handbook (Second Edition).* New York : Guilford Press.

➤ Chapitre 2
Quand faut-il s'inquiéter ?

BECKER, K. (1994). *Die perfekte Frau und ihr Geheimnis.* Hamburg : Rowohlt Taschenbuch.

BOUVARD, M. et COTTRAUX, J. (1996). *Protocoles et échelles d'évaluation en psychiatrie et en psychologie.* Paris : Masson.

HENDERSON, N. & FREEMAN, C. (1987). A Self-Rating for Bulimia. *British Journal of Psychiatry, 150*, 18-24.

MORGAN, J. (1999). The SCOFF Questionnaire : Assessment of a New Screening tool for Eating Disorders. *British Medical Journal, 319*, 1467-1468.

➤ Chapitre 3
Quelles sont les causes de la boulimie ?

ANDERSEN, A. (2002). Eating Disorders in Males. Dans Ch. Fairburn & K. Brownell (Eds.), *Eating Disorders and Obesity. A Comprehensive Handbook (Second Edition).* New York : Guilford Press.

BARDONE, A. *et al.* (2000). The Confluence of Perfectionism, Body Dissatisfaction, and Low Self-Esteem Predicts Bulimic Symptoms : Clinical Implications. *Behavior Therapy, 31*, 265-280.

BECKER, A. *et al.* (2002). Eating behaviours and attitudes following prolonged exposure to television among ethnic Fijian adolescents girls. *British Journal of Psychiatry, 180*, 509-514.

BELLISLE, F. (1999). *Le Comportement alimentaire humain. Approche scientifique.* Monographie Chaire Danone. Bruxelles : Institut Danone.

BLUNDELL, J. (2002). A Psychobiological System Approach to Appetite and Weight Control. Dans Ch. Fairburn & K. Brownell (Eds.), *Eating Disorders and Obesity. A Comprehensive Handbook (Second Edition).* New York : Guilford Press.

BLUNDELL, J. & HILL, A. (1993). Binge Eating: Psychobiological Mechanisms. Dans Ch. Fairburn & G. Wilson (Eds.), *Binge Eating. Nature, Assessment and Treatment*. New York : Guilford Press.

BLUNDELL, J. & HILL, A. (1994). Hunger and Appetite. Dans B. Parkinson & A. Colman (Eds.), *Emotion and Motivation*. New York : Longman Publishing.

BROWNELL, K. (1995). Eating Disorders in Athletes. Dans K. Brownell & Ch. Fairburn (Eds.), *Eating Disorders and Obesity. A Comprehensive Handbook.* New York : Guilford Press.

BYRNE, S. (2002). Sport, Occupation, and Eating Disorders. Dans Ch. Fairburn & K. Brownell (Eds.), *Eating Disorders and Obesity. A Comprehensive Handbook (Second Edition)*. New York : Guilford Press.

COOPER, M. (2003). *The Psychology of Bulimia Nervosa. A Cognitive Perspective.* New York : Oxford University Press.

DOLAN, B. & GITZINGER, I. (1991). *Why Women ? Gender Issues and Eating Disorders*. London : European Council on Eating Disorders.

FERGUSON, C. et PIGOTT, T. (2000). Anorexia and Bulimia Nervosa : Neurobiology and Pharmacotherapy. *Behavior Therapy, 31*, 237-263.

FAIRBURN, Ch. (1997). Eating Disorders. Dans D. Clark & Ch. Fairburn (Eds.), *Science and Practice of Cognitive Behaviour Therapy*. New York : Oxford University Press.

FAIRBURN, Ch. (2002). Cognitive-Behavioral Therapy for Bulimia Nervosa. Dans Ch. Fairburn & K. Brownell (Eds.), *Eating Disorders and Obesity. A Comprehensive Handbook (Second Edition)*. New York : Guilford Press.

FAIRBURN, Ch. *et al.* (1997). Risk Factors for Bulimia Nervosa. A Community-Based Case-Control Study. *Arch. Gen. Psychiatry, 54*, 509-516.

FAIRBURN, Ch. et WILSON, G. (1993). *Binge Eating. Nature, Assessment and Treatment*. New York : Guilford Press.

GOODWIN, C. *et al.* (1987). Dieting changes serotonergic function in women, not men : Implications for the etiology of anorexia nervosa. *Psychological Medicine, 17*, 839-842.

JACOBI, G. *et al.* (2004). Coming to terms Wit Risk Factors dor Eating Disorders : Application of Risk Terminology and Suggestions for a General Taxonomy. *Psychological Bulletin, 130*, 1, 19-65.

PATTON, G. *et al.* (1990). Abnormal eating attitudes in London girls — a prospective epidemiological study : outcome at twelve month follow-up. *Psychological Medicine, 20*, 383-394.

STICE, E. (1998). Modeling of eating pathology and social reinforcement of the thin-ideal predict onset of bulimic symptoms. *Behaviour Research and Therapy, 36*, 931-944.

STICE, E. (2001). Risk Factors for Eating Pathology : Recent Advances and Future Directions. Dans R. Striegel-Moore & L. Smolak (Eds.), *Eating Disorders. Innovative directions in research and practice.* Washington, DC : American Psychological Association.

STICE, E. (2001). A Prospective Test of the Dual-Pathway Model of Bulimic Pathology : Mediating Effects of Dieting and Negative Affect. *Journal of Abnormal Psychology, 110*, 1, 124-135.

STICE, E. (2002). Risk and Maintenance Factors for Eating Pathology : A Meta-Analytic Review. *Psychological Bulletin, 128*, 5, 825-848.

STICE, E. (2002). Sociocultural Influences on Body Image and Eating Disturbance. Dans Ch. Fairburn & K. Brownell (Eds.), *Eating Disorders and Obesity. A Comprehensive Handbook (Second Edition).* New York : Guilford Press.

STRIEGEL-MOORE, R. (1993). Etiology of Binge Eating : A Developmental Perspective. Dans Ch. Fairburn & G. Wilson (Eds.), *Binge Eating. Nature, Assessment and Treatment.* New York : Guilford Press.

STRIEGEL-MOORE, R. & SMOLAK, L. (2002). Gender, Ethnicity, and Eating Disorders. Dans Ch. Fairburn & K. Brownell (Eds.), *Eating Disorders and Obesity. A Comprehensive Handbook (Second Edition).* New York : Guilford Press.

VOGELTANZ-HOLM, N. *et al.* (2000). Longitudinal Predictors of Binge Eating, Intense Dieting, and Weight Concerns in a National Sample of Women. *Behavior Therapy, 31*, 221-235.

WALLER, G. The Psychology of Binge Eating. Dans Ch. Fairburn & K. Brownell (Eds.), *Eating Disorders and Obesity. A Comprehensive Handbook (Second Edition).* New York : Guilford Press.

WILSON, G. (2002). The Controversy over Dieting. Dans Ch. Fairburn & K. Brownell (Eds.), *Eating Disorders and Obesity. A Comprehensive Handbook (Second Edition).* New York : Guilford Press.

WONDERLICH, S. (1995). Personality and Eating Disorders. Dans K. Brownell & Ch. Fairburn (Eds.), *Eating Disorders and Obesity. A Comprehensive Handbook.* New York : Guilford Press.

WONDERLICH, S. (2002). Personality and Eating Disorders. Dans Ch. Fairburn & K. Brownell (Eds.), *Eating Disorders and Obesity. A Comprehensive Handbook (Second Edition).* New York : Guilford Press.

➤ Chapitre 4
Quelles sont les conséquences de la boulimie ?

COOPER, P. (1995). *Bulimia Nervosa and Binge Eating. A Guide to Recovery.* New York : New York University Press.

FAIRBURN, Ch. (1995). *Overcoming Binge Eating.* New York Guilford Press.

GARNER, D. (1997). Psychoeducational Principles in Treatment. Dans D. Garner et P. Garfinkel (Eds.), *Handbook of Treatment for Eating Disorders. Second Edition*. New York : Guilford Press.

GARNER, D. *et al.* (1997). Cognitive-Behavioral Therapy for Anorexia Nervosa. Dans D. Garner et P. Garfinkel (Eds.), *Handbook of Treatment for Eating Disorders. Second Edition*. New York : Guilford Press.

KEYS, A. *et al.* (1950). *The Biology of Human Starvation* (2 vol.). Minneapolis : University of Minnesota Press.

PERROUD, A. (2003). *Faire face à l'anorexie*. Paris : Éditions Retz.

POMERLEAU, G. (2001). *Démystifier les maladies mentales. Anorexie et boulimie. Comprendre pour agir*. Québec : Gaëtan Morin Éditeur.

RIGAUD, D. (2002). *Anorexie, boulimie et autres troubles du comportement alimentaire*. Toulouse : Éditions Milan.

SIMON, Y. & Nef, F. (2002). *Comment sortir de l'anorexie? Et retrouver le plaisir de vivre*. Guide pour s'aider soi-même. Paris : Odile Jacob.

➤ Chapitre 5
La personne boulimique, sa famille, son couple

BRYANT-WAUGH, R. & Lask, B. (2002). Chilhood-Onset Eating Disorders. Dans Ch. Fairburn & K. Brownell (Eds.), *Eating Disorders and Obesity. A Comprehensive Handbook (Second Edition)*. New York : Guilford Press.

COOK-DARZENS, S. (2002). *Thérapie familiale de l'adolescent anorexique. Approche systémique intégrée*. Paris : Dunod.

FAIRBURN, Ch. (1995). *Overcoming Binge Eating*. New York : Guilford Press.

FERNANDEZ-ARANDA, F. *et coll.* Marital status and bulimia nervosa. A controlled study of its prognostic relevance. Communication présentée à l'European Council of Eating Disorders, Budapest, 10-12 septembre 2003.

NORRÉ, J. *et al.* (2001). The management of eating disorders in a fertility clinic : clinical guidelines. *Journal of Psychosom. Obstet. Gynecol.*, *22*, 77-81.

POLIVY, J. & HERMAN, C. (2002). Causes of Eating Disorders. *Annu. Rev. Psychology*, *53*, 187-213.

STEIN, A. (2002). Eating Disorders and Childrearing. Dans Ch. Fairburn & K. Brownell (Eds.), *Eating Disorders and Obesity. A Comprehensive Handbook (Second Edition)*. New York : Guilford Press.

STICE, E. (2002). Sociocultural Influences on Body Image and Eating Disturbance. Dans Ch. Fairburn & K. Brownell (Eds.), *Eating Disorders and Obesity. A Comprehensive Handbook (Second Edition)*. New York : Guilford Press.

VANDEREYCKEN, W. (1994). Parental rearing behaviour and eating disorders. Dans C Perris *et al.* (Eds.), *Parenting and Psychopathology*. Chichester : John Wiley & Sons.

VANDEREYCKEN, W. (2002). Families of Patients with Eating Disorders. Dans Ch. Fairburn & K. Brownell (Eds.), *Eating Disorders and Obesity. A Comprehensive Handbook (Second Edition)*. New York : Guilford Press.

➤ Chapitre 6
Comment guérir la boulimie ?

BACALTCHUK, J. *et al.* (2001). Antidepressants Versus Psychological Treatments and their Combination for Bulimia Nervosa (Cochrane Review). *The Cochrane Library, 4.*

CARTER, J. (2002). Self-Help Books in the Treatment of Eating Disorders. Dans Ch. Fairburn & K. Brownell (Eds.), *Eating Disorders and Obesity. A Comprehensive Handbook (Second Edition)*. New York : Guilford Press.

FAIRBURN, Ch. (2002). Cognitive-Behavioral Therapy for Bulimia Nervosa. Dans Ch. Fairburn & K. Brownell (Eds.), *Eating Disorders and Obesity. A Comprehensive Handbook (Second Edition)*. New York : Guilford Press.

FAIRBURN, Ch. (2002). Interpersonal Psychotherapy for Eating Disorders. Dans Ch. Fairburn & K. Brownell (Eds.), *Eating Disorders and Obesity. A Comprehensive Handbook (Second Edition)*. New York : Guilford Press.

HAY, PJ (2001). Psychotherapy for Bulimia Nervosa and Binging (Cochrane Review). *The Cochrane Library, 4.*

LE GRANGE, D. *et al.* (2003). Family-Based Therapy for Adolescents with Bulimia Nervosa. *American Journal of Psychotherapy, 57*, 2, 237-251.

LINEHAN, M. (2000). *Traitement cognitivo-comportemental du trouble de personnalité état-limite*. Genève : Médecine & Hygiène.

MILLER, W. & Rollnick, S. (2002). *Motivational Interviewing. Preparing People for Change*. New York : Guilford Press.

MITCHELL, J. (2001). Psychopharmacology of eating Disorders : Current Knowledge and Future Directions. Dans R. Striegel-Moore & L. Smolak (Eds.), *Eating Disorders. Innovative Directions in Research and Practice.* Washington, DC : American Psychological Association.

Practice Guideline for the Treatment of Patients with Eating Disorders (Revision). American Psychiatric Association Practice Guidelines. *The American Journal of Psychiatry*, January 2000.

SULLIVAN, P. (2002). Course and Outcome of Anorexia Nervosa and Bulimia Nervosa. Dans Ch. Fairburn & K. Brownell (Eds.), *Eating Disorders and Obesity. A Comprehensive Handbook (Second Edition)*. New York : Guilford Press.

WALSH, B. (2002). Pharmacological Treatment of Anorexia Nervosa and Bulimia Nervosa. Dans Ch. Fairburn & K. Brownell (Eds.), *Eating Disorders and Obesity. A Comprehensive Handbook (Second Edition)*. New York : Guilford Press.

➤ Chapitre 7
Changer ou ne pas changer ?

FAIRBURN, Ch. (1995). *Overcoming Binge Eating*. New York : Guilford Press.

FAIRBURN, Ch. (1997). Eating Disorders. Dans D. Clark & Ch. Fairburn (Eds.), *Science and Practice of Cognitive Behaviour Therapy*. New York : Oxford University Press.

FAIRBURN, C. *et al.* (1993). Cognitive-Behavioral Therapy for Binge Eating and Bulimia Nervosa : A Comprehensive Treatment Manual. Dans Ch. Fairburn & G. Wilson (Eds.), *Binge Eating. Nature, Assessment and Treatment*. New York : Guilford Press.

GUSELLA, J. *et al.* (2003). A Brief Questionnaire to Assess Readiness to Change in Adolescents with Eating Disorders : Its Applications to Group Therapy. *European Eating Disorders Review, 11*, 1, 58-71.

MILLER, W. & ROLLNICK, S. (2002). *Motivational Interviewing. Preparing People for Change*. New York : Guilford Press.

PERROUD, A. (2001). *Faire face à la boulimie*. Paris : Éditions Retz.

POMERLEAU, G. (2001). *Démystifier les maladies mentales. Anorexie et boulimie. Comprendre pour agir*. Québec : Gaëtan Morin Éditeur.

RODRIGUEZ, V. (1989). *La Peau à l'envers : le roman d'une vraie boulimique*. Paris : Éditions Robert Laffont.

SIMON, Y. & NEF, F. (2002). *Comment sortir de l'anorexie ? Et retrouver le plaisir de vivre*. Guide pour s'aider soi-même. Paris : Odile Jacob.

➤ Chapitre 8
Comment changer mes comportements boulimiques ?

CASH, T. (1997). *The Body Image Workbook*. New York : MJF Books.

FAIRBURN, Ch. (1995). *Overcoming Binge Eating*. New York : Guilford Press.

FAIRBURN, Ch. (1997). Eating Disorders. Dans D. Clark & Ch. Fairburn (Eds.), *Science and Practice of Cognitive Behaviour Therapy*. New York : Oxford University Press.

FREEMAN, C. (1995). Cognitive Therapy. Dans G. Szmukler *et al.* (Eds.), *Handbook of Eating Disorders. Theory, Treatment and Research*. Chichester : John Wiley & Sons.

MARLATT, G. & GORDON, J. (1985). *Relapse Prevention : Maintenance Strategies in the Treatment of Addictive Behaviours*. New York : Guilford Press.

PERROUD, A. (2001). *Faire face à la boulimie*. Paris : Éditions Retz.

POLIVY, J. & HERMAN, C. (1993). Etiology of Binge Eating : Psychological Mechanisms. Dans Ch. Fairburn & G. Wilson (Eds.), *Binge Eating. Nature, Assessment and Treatment*. New York : Guilford Press.

SCHMIDT, U. & TREASURE, J. (1998). *La Boulimie. S'en sortir repas après repas*. Paris : Éditions Estem.

SIMON, Y. & NEF, F. (2002). *Comment sortir de l'anorexie ? Et retrouver le plaisir de vivre*. Guide pour s'aider soi-même. Paris : Odile Jacob.

➤ Chapitre 9
Que peuvent faire les proches pour aider ?

LINEHAN, M. (2000). *Traitement cognitivo-comportemental du trouble de personnalité état-limite*. Genève : Médecine & Hygiène.

SIMON, Y. & NEF, F. (2002). *Comment sortir de l'anorexie ? Et retrouver le plaisir de vivre*. Guide pour s'aider soi-même. Paris : Odile Jacob.

VANDERLINDEN, J. (2003). *Vaincre l'anorexie mentale*. Paris : Éditions De Boeck

VITOUSEK, K. *et al.* (1998). Enhancing Motivation for Change in Treatment-Resistant Eating Disorders. *Clinical Psychology Review*, *18*, 4, 391-420.

➤ Chapitre 10
Comment prévenir la boulimie ?

CRAGO, M. *et al.* (2001). Protective Factors in the Development of Eating Disorders. Dans R. Striegel-Moore & L. Smolak (Eds.), *Eating Disorders. Innovative Directions in Research and Practice*. Washington, DC : American Psychological Association.

PIRAN, N. (2002). Prevention of Eating Disorders. Dans Ch. Fairburn & K. Brownell (Eds.), *Eating Disorders and Obesity. A Comprehensive Handbook (Second Edition)*. New York : Guilford Press.

LEVINE, M. & PIRAN, N. (2001). The Prevention of Eating Disorders : Toward a Participatory Ecology of Knowledge, Action, and Advocacy. Dans R. Striegel-Moore & L. Smolak (Eds.), *Eating Disorders. Innovative directions in research and practice*. Washington, DC : American Psychological Association.

LITTLETON, H. & OLLENDICK, T. (2003). Negative body image and disordered eating behaviour in children and adolescents : what places youth at risk and how can these problems be prevented ? *Clinical Child and Family Psychology Review*, *6*, 1, 51-66.

Remerciements

À nos patientes.

À Joanne Samson et nos chers collègues de l'Unité des troubles alimentaires de l'hôpital Le Domaine-ULB-Erasme (Braîne-l'Alleud, Belgique).

À Anne.

Impression réalisée sur CAMERON par

BUSSIÈRE CAMEDAN IMPRIMERIES

GROUPE CPI

à Saint-Amand-Montrond (Cher)
pour le compte des Éditions Odile Jacob
en mars 2004

N° d'édition : 2-7381-1482-X. N° d'impression : 041424/4.
Dépôt légal : avril 2004.

Imprimé en France